「モノ言う株主」の株式市場原論

丸木 強
株式会社ストラテジックキャピタル代表取締役

816
中公新書ラクレ

はじめに――日本企業のどこが問題なのか

なぜ日本経済は30年間も「失われた」のか

「日本株への投資を組織内で提案することは私のキャリアにとってリスクでしかない。日本の会社は変わると言い続けて、何一つ変わらないじゃないか」

以前、海外の機関投資家のマネージング・ディレクター（ＭＤ）の方から、そう指摘されたことがあります。

「だからこそ、我々は株主になって変わるように働きかけているわけです。変わったときのリターンは大きいですよ」と私。

そんなやりとりの後、その投資家は弊社ストラテジックキャピタルの顧客になってい

図1　世界の主要株価指数——取り残される日本

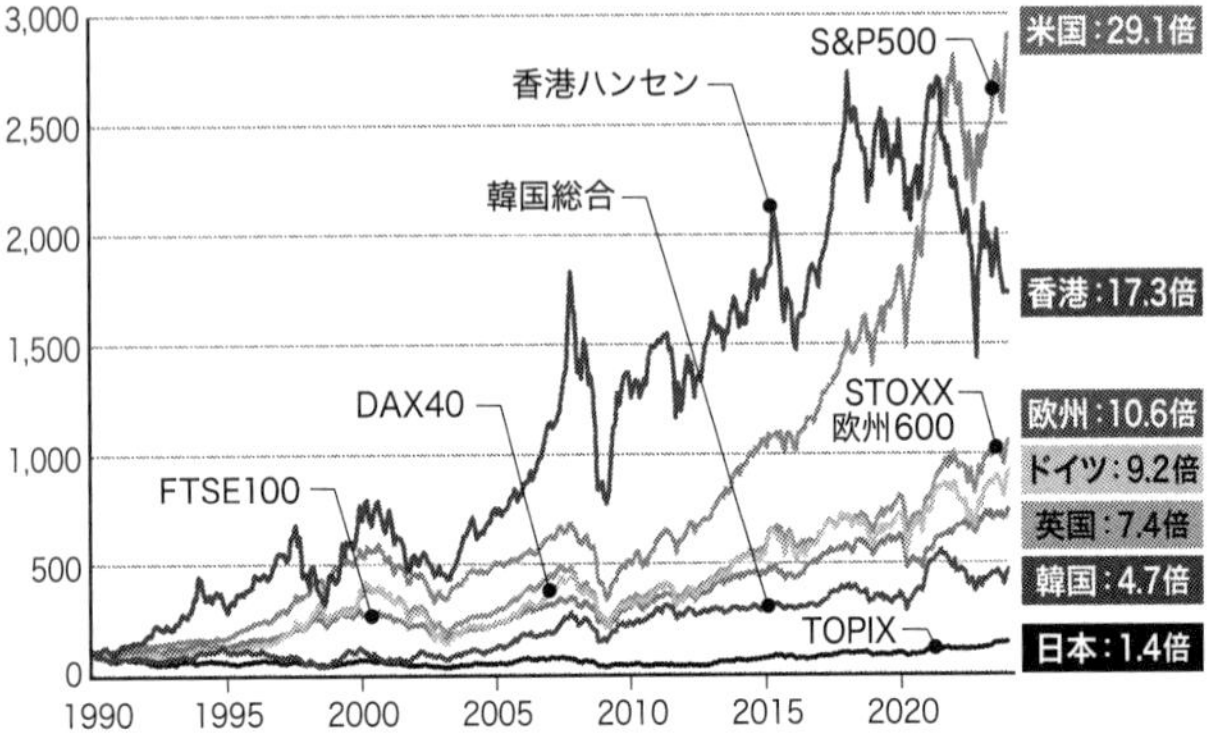

出所：Bloombergより株式会社ストラテジックキャピタル作成、現地通貨ベース
注：配当込み、1990年1月を100として指数化

ただけました。

たしかに「失われた30年」と言われた1990年代初頭から今日までの間、日本の株価はずっと低迷し続けました。日経平均株価で言えば、最近でこそ上昇基調ですが、ようやく1989年末につけたピーク（3万8915円）を超えた程度です（2024年3月末時点）。世間やメディアは「バブル期超え」「4万円を突破」と大騒ぎしていますが、海外と比較してみると、どうでしょうか。

1990年1月を基点にして2023年末までの推移を見ると、日本株のTOPIXはわずか1・4倍であるのに対し、例えば米国株のS&P500は29・1倍にまで

図2　世界の主要株価指数――長期リターン

出所：Bloombergより株式会社ストラテジックキャピタル作成、現地通貨ベース
注：配当込み、1970年1月を100として指数化

膨らんでいます（配当込み）。あるいは香港株や欧州株なども、軒並み順調に成長を続けてきました（図1）。

ちなみに、もっと遡って1970年1月を起点とした推移を見ても（図2）、日本の株価の上昇は微々たるものです。香港ハンセン指数が306・6倍、米国S&P500が241・9倍と伸びているのに対し、TOPIXは21・7倍でしかありません（ともに配当込み）。

なぜ、世界の中で日本だけが取り残されたのか。バブル崩壊によって生み出された不良債権の処理が遅れたとか、新興国が台頭して日本の製造業のお株を奪ったとか、日本政府の金融・財政政策とか、理由はいろいろあるでしょう。

中でも大きな一因として考えられるのが、先のMDの方が指摘したとおり、変化することを極度に嫌う企業の姿勢や社会の風土です。各国の政府や企業が競争で勝つためにしのぎを削る中、日本政府や多くの日本企業は過去の栄光にすがるように、旧態依然としているように見えます。これでは、差が開くのも当然でしょう。

ただこういう話をすると、違和感を持たれる方も多いと思います。この30年間、日本人はけっして成長をあきらめて楽隠居を決め込んだわけではなく、日々懸命に働いてきました。周囲を見回しても、どんな職業であれ、それぞれ仕事に矜持と責任感を持って従事されている方がほとんどだと思います。スキルや知識を身につけて成長しよう、社会に変化をもたらそうとがんばってこられたはずです。それなのになぜ経済は上向かず、給料は上がらなかったのか。私たちが発したエネルギーは、どこで「失われた」のか。

私は、その大きな要因は株式市場や日本企業の機能不全にあると考えています。本来、株式会社は経済のエンジンになるべき存在です。世の中に経済的な付加価値をもたらす最大の機関です。

ではその株式会社の目的は何かと言えば、「株主利益の最大化」。世界中のどの教科書にも、そう書いてあるはずです。大学で法律や経済を学んだ方であれば、これは常識でしょう。おそらく、社会主義国の中国の方々もそう理解されていると思います。

定義だけではなく、株式会社はそのための効率的な仕組みも備えています。広く株主から資金を集め、株主によって選ばれた取締役が責任を持って事業を行い、利益の最大化を図って株主に還元する、もしくは事業の拡大を図る。従業員や取引先など多くのステークホルダー（利害関係者のこと。従業員、取引先、顧客などが含まれる）ががんばるほど、利益も相応に大きくなる。当たり前の話ですが、このサイクルを回すことで、会社は継続的に成長していくわけです。

株主が軽視されているから株価も低い

ところが、日本の企業はこのサイクルを回すことにかならずしも熱心ではありません。「回せない」のではなく、意図的に「回さない」ように見えます。端的に言えば、企業のオーナーであるはずの株主が、あまりにも軽視されているのです。

そのことは、例えば「ROE」や「PBR」のような指標からも明らかです。新NISAの開始もあって、これらの言葉を新聞等で見る機会が増えたと思います。本書でも何度となく登場しますが、いずれも企業の財務状況を示す指標の代表格です。

ここで簡単に説明すると、「ＲＯＥ（Return On Equity）」は「株主資本利益率」と訳され、株主から集めた資本を使って1年間でどれだけ効率良く利益を上げたかを表します。計算式で言えば「当期純利益÷自己資本×１００」％。日本の上場企業（ＴＯＰＩＸ５００）の平均のＲＯＥは８・２％、それに対して米国の上場企業（Ｓ＆Ｐ５００）は17・９％、欧州の上場企業（ＳＴＯＸＸ欧州６００）は12・２％となっています（２０２２年実績）。日本企業は米欧の企業に比べて、資本効率が低いわけです。

株主は、値上がり益や配当金というリターンに期待して、もしかしたら無価値になるかもしれないリスクを冒して株を買うわけです。その期待リターンの利率を「株主資本コスト」（企業にとっては調達コスト）と言います。計算上、ＲＯＥが株主資本コストを上回らなければ、株主の期待に応えることはできません。しかし実際には、下回ったまま放置している企業が多いのです。

また「ＰＢＲ（Price Book-value Ratio）」とは「株価純資産倍率」のこと。会社の資産価値と株価を比較することで、投資家がその会社をどう評価しているかを見ることができます。計算式は「株価÷1株あたり純資産」。要するに株の時価総額が純資産の何倍

図３　PBRとROEの相関――日本企業は低水準

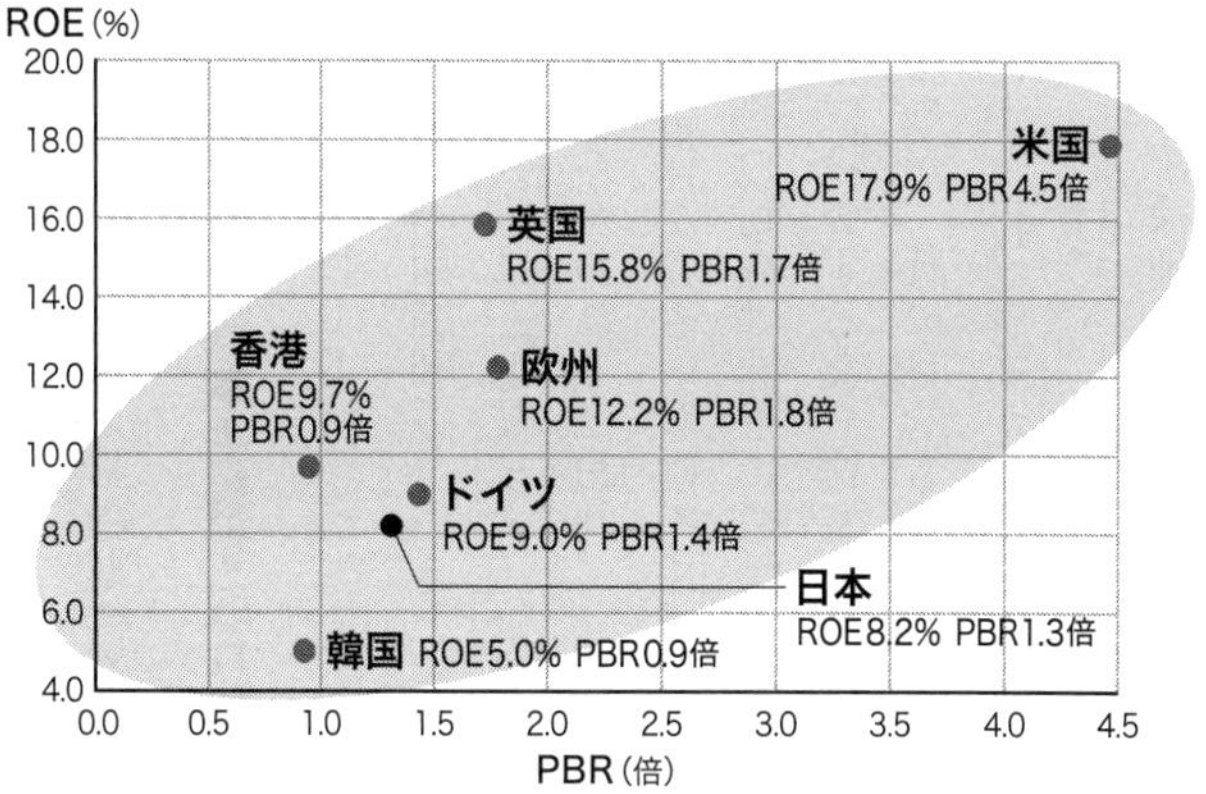

出所：Bloombergより株式会社ストラテジックキャピタル作成／ROEは2022年実績・PBRは2023年12月末時点、図１と同様の指数にて集計

になっているかで評価するわけです。

もちろん、倍率が大きくなるほど高く評価されていることになりますが、日本の上場企業（同）の平均のＰＢＲは１・３倍であるのに対し、米国の上場企業（同）は４・５倍、欧州の上場企業（同）は１・８倍です（２０２３年12月末現在）。

しかも日本の場合、１倍未満の企業がおよそ４割にも達しています。資産価値よりも低く見積もられている、つまり事業を継続するより清算したほうが株主としては儲かると見ることができる企業がこれほど多いわけです。米国はわずか３％、欧州も19％に過ぎません（２０２３年12月末現在）。

なぜこれほどＰＢＲが低いかと言えば、

主因はROEが低いからでしょう。株主の期待に沿った収益を獲得しようという意識が希薄だから、投資家からの期待も低いわけです（図3）。

ふつうの資本主義を取り戻そう

では、どうすればもっと効率良く稼げるのか。先に挙げたROEの計算式に立ち返れば、分子の当期純利益を引き上げることも重要ですが、分母の自己資本を減らすことによっても数値は上がります。後者のほうが即効性は高いでしょう。

巷間よく言われるとおり、日本の上場企業は利益を貯め込む傾向があります。いわゆる内部留保が大きいわけです。しかし本来、株主から提供された資金を使って儲けたのなら、その利益は株主に還元するのが道理です。あるいは研究開発や設備投資、新規事業などに投資するなら株主も納得します。

ところが、特に目的もなく現金や不動産や有価証券の形で貯め込んでいるケースが多い。だから自己資本が膨らんでROEは小さくなりやすく、したがってPBRも低くなりやすいわけです。従業員をはじめとするステークホルダーの方がどれほどがんばっても、それが株価に評価されにくいとも言えるでしょう。

ならば自己資本の使い方を変えればいいではないか、他人資本である銀行借り入れなどをもっと使えばよいではないか、とは誰もが思うはずです。実際にそのとおりなのですが、そう簡単にはいかないのが日本企業の難しいところです。無借金経営が良いことだ、など、いくつものまったく合理的ではない〝しがらみ〟や慣習、そして〝思い込み〟が存在するからです。

そこに立ち向かって企業に変革を促そうというのが、我々のようなアクティビスト（モノ言う株主）の仕事です。投資ファンドの一種ですが、投資家（弊社の場合はほとんどが外国人投資家）から資金を募り、特定の企業の株をある程度買い進めて存在感を高めたところで、その企業に対してねばり強く経営改善のための提案を繰り返していく。これが我々の基本的な投資手法です。

けっして無理難題を要求しているわけではありません。ここまで述べてきたような、世界中の教科書に書いてあるとおりの、資本主義下の上場企業として当たり前の姿に戻しましょうと提案しているだけです。それによって企業価値が上がり、株式市場で正当に評価されれば、その企業のすべてのステークホルダーも報われるはずなのです。

おそらく多くの経営者の方々は、私利私欲ではなく、会社のこと、従業員をはじめとするすべてのステークホルダーの利害を第一に考えて経営されていることと思います。しかしそのことが、かえって業績を停滞させ、株価を押し下げる一因になっているかもしれないということを、ぜひご理解いただきたいのです。批判を恐れずに申し上げるなら、多くの経営者の方こそ、実は経営のイロハや資本主義やマーケットの基本的な仕組みについてご存じないのではないか、という印象を持っています。

一方で、企業経営者だけではなく投資家側の意識も変わってほしいと思っています。株主とは、株式会社の主権者でありオーナーなのです。日本の機関投資家も徐々に変わりつつあることは間違いありませんが、もっと株主としての率直な声を経営者に伝えていくことも必要でしょう。

そこで本書では、我々の経験を踏まえつつ、また昨今頻発している企業買収や上場廃止などのエピソードも交えながら、上場企業の経営は本来どうあるべきなのか、何が変化や成長を阻害しているのかを考えてみたいと思います。

時代がアクティビストに追いついてきた

そしてもう一つ、本書にはテーマがあります。我々のようなアクティビストとはどういう存在なのか、ぜひ知っていただきたいのです。

一般に、まだネガティブなイメージが強いことは承知しています。いわゆる「グリーンメーラー（脅迫状の通称がブラックメール、ドル紙幣が緑色であったことから生まれた呼称。ある程度の株を取得した後、その企業に対して高値での買い取りを要求する者）」や「仕手筋（巨額の資金と投資手法で、株価を乱高下させて利益を得る集団）」などと混同されている方も少なくないでしょう。

しかし繰り返しますが、我々が投資先企業に対して提案するのは真っ当なことだけです。言い換えるなら、日本には株主の立場から見て経営改善の余地のある企業がたくさんあるということです。むしろそちらに目を向けていただきたいのです。

最近は、世の中の風向きがずいぶん変わってきたような気がします。きっかけは、金融庁が２０１４年に「スチュワードシップ・コード（「責任ある機関投資家」の諸原則）」を、翌２０１５年に「コーポレートガバナンス・コード」を公表したこと、それに２０２３年に東京証券取引所が、すべての上場企業に対して「資本コストや株価を意識した経営の実現に向けた対応について」という通知（いわゆる「ＰＢＲ１倍割れ改善要請」）を出したことです。

いずれも本文で詳しく述べますが、要するに資本主義のルールに則った投資や経営をしましょうということです。つまり、我々が長く主張し続けてきたことと何ら変わりはありません。時代がようやく我々の正当性に気づいてくれた、と言えば自賛が過ぎるでしょうか。

もしかすると、今は日本企業が大きく変化するチャンスなのかもしれません。では日本企業はどう変わるべきなのか、本書がその水先案内の役割を果たせれば幸いです。

なお本書は、昨今流行の投資の指南書ではありません。私個人としても個別株の売買はしていないし、人にお勧めすることもありません。その代わり、広く一般の方向けに、資本主義やマーケットとはどういうものかを正しく認識していただくことを目的としています。そのため、少々難しい話が出てきますが、わかりやすさを優先して簡略化した部分もあります。ご了承ください。

目次

政策保有株に一利なし
「スチュワードシップ・コード」が定めた機関投資家の責任とは
日本の大手運用会社は独立性に難あり
外資系を排除したいなら鎖国するしかない
東芝がアクティビストの言いなりになった当然の理由
そごう・西武はセブン&アイから切り離されて正解
会社にたかる「寄生虫」には要注意
「株主提案」こそ企業価値向上の原石

4章 「ステークホルダー経営」の誤謬

経営者の仕事はファンドマネージャーと同じ
「黒字経営だからいい会社」は大間違い
株主と従業員は対立関係ではない
なぜ「内部留保」を貯め込むのか　①中長期的に必要になる？
なぜ「内部留保」を貯め込むのか　②将来のM&Aの原資に？
M&Aで企業価値が損なわれる場合も
「資本コスト」を無視していませんか

東証による「PBR1倍改革」の肝は「資本コスト」
上場企業が不動産賃貸業を行ってはいけない理由
政策保有株は財務面でもメリットなし
時価総額の小さい企業は自社株買いより増配を
株主優待制度の理不尽

5章 なぜ「社外取締役」が重要なのか

社長ポストの禅譲はルール違反
営業のプロが経営のプロになれるとはかぎらない
「会長」のポストは必要か
社外取締役は少数株主の代弁者
社外取締役の〝属性〟には注意が必要
社外取締役に期待される、二つの役割
社外取締役に企業不祥事の責任を問うのは酷
アクティビストが社外取締役に就任する理由
日本企業の経営者の報酬は高すぎる？
PBR1倍未満なら、企業経営者の年間報酬は500万円でいい

構成／島田栄昭
図表作成・本文ＤＴＰ／今井明子

1章　アクティビストは「カネの亡者」か

「株主軽視」の企業に挑む

アクティビストがどういう活動をしているのか、まずは我々が携わった事例を一つ紹介してみます。しばしば「強欲」「カネの亡者」などと形容されますが、本当にそうなのか。冷静な目で判断していただければと思います。

日本デジタル研究所（ＪＤＬ）という会社があります。主な事業は、中小の税理士事務所や中小企業向けの財務会計ソフトやハードの開発・製造・販売。ただ我々が最初に着目したのは、その事業内容ではなく財務状況です。

２０１３年当時、東証一部に上場していたＪＤＬの時価総額は約３００億円。しかしそれを超える額の現金と債券を保有し、無借金でした。つまり使い道のないお金を貯め込んでいたわけです。これだけのお金が有効利用されないから、ＰＢＲ（株価純資産倍率）も０・５倍を下回る非常に低い状態でした。

一方で、上場企業でありながらＩＲ（Investor Relations：株主・投資家に対する経営戦略・財務状況などの広報活動）はまったく不十分。「決算短信（毎年の決算発表後、証券取引所の要請で作成・公表される決算の概要）」以外のＩＲ資料を作ったことがないし、ＩＲ説明会を開いたこともありませんでした。

これほど株主を軽視できたのは、創業者であるオーナー社長が40％強の株を持っていたからです。これだけ確保していれば、経営権を脅かされるおそれはまずありません。だから株価も低いまま放置されていました。

その安さに目をつけ、過去には複数の外資系ファンドなどがＪＤＬの株を一定程度まで買い付けていたこともあります。ところがいずれも、早々に撤退しました。同社に対話を申し込んでも、経営改善（株価上昇）の見込みなしと判断してしまったのでしょう。

だからこそ、我々は投資してみようと決めました。株価は非常に割安に放置されているわけで、それだけ低い価格で買うことができるからです。厳しい案件になるとは思っていましたが、それも覚悟の上。しかしいろいろ調べてみると、その経営は我々の予想以上に〝ワンマン〟でした。

ＪＤＬには子会社があります。「アイベックスエアラインズ（以下「アイベックス」）」という、国内の地方空港間を結ぶ小さな航空会社です。およそ本業とは無関係のはずですが、これには理由があります。ＪＤＬの社長は個人のベンチャー投資家として、19

９９年に創業した「アイベックス（旧名フェアリンク）」に投資していました。ところが「アイベックス」の経営は悪化。そこで２００３年、第三者割当増資を実施し、上場企業であるＪＤＬがその引き受け手になって子会社化したのです。端的に言えば、社長の個人的な道楽で上場企業である会社のお金を使い、他社を救済したに過ぎません。

　この資本関係が両社にどういうシナジーやバリューをもたらしたかと言えば、何もありません。「アイベックス」には自力で航空チケットを売る力がなく、ほぼすべてをＡＮＡに依存していました。そこにＪＤＬはまったく関与できなかったのです。

　また社長には2人のお兄さんがいて、一人は税理士、もう一人は建築設計士でした。税理士のお兄さんには、従業員としての給料に加えて業務委託料が支払われていました。また設計士のお兄さんにも、年によって２０００万円から2億円程度の支払いがあります。それがどういう建物の設計料等なのかを尋ねても、答えてくれません。少なくとも私の目には、「お手盛り」としか映りませんでした。

　ちなみにこれらは、けっして極秘情報の類ではありません。上場企業が公開する財務諸表には、「関連当事者間の取引」という「注記」が別途記載されることになっています。「関連当事者」とは、親会社や子会社、役員やその親族などのこと。要するに〝仲間内〟です。彼らが会社と何らかの取引をする場合、仲間内の〝よしみ〟で特殊な条件が設定されることがあります。それは一般株主や少数株主にとって不利益になりかねないため、常に公表することが義務づけられているのです。

いずれにせよ、ＪＤＬにこうした事情があると知った上で、我々は投資を開始しました。上場企業として、おおいに改善の余地ありと判断したわけです。

初の株主代表訴訟から上場廃止へ

アクティビストは、一般に「モノ言う株主」と訳されます。その名のとおり、投資先の企業に対して株主として提案したり、質問を投げかけたりして経営の効率化を求めるのが主な仕事です。

株主総会での株主提案や株主代表訴訟、敵対的買収、社外取締役の就任など派手な活動がしばしば話題になりますが、それはアクティビストの仕事のほんの一部に過ぎません。大半の時間は、投資先企業との地道な対話や提案などに費やされます。

２０１３年ごろ、我々はＪＤＬの発行株式数の３％程度を取得。一般的に、上場企業の株を３％も持てば、その時点で大株主です。経営陣は社長であれ監査役であれ取締役であれ、大株主の求めに応じて面談し、要求や提案があれば真摯に検討するのが普通です。それを拒否すれば、「株主とのコミュニケーションを避ける会社」「上場企業としての責任を果たしていない」として市場に悪評が立つでしょう。

ところが、我々はＪＤＬの社長に何度も面談を申し込んだものの、そのたびに断られました。これは非常に珍しいケースで、率直に驚いたことを覚えています。同社に過去に投資して撤退していった外資系ファンドも、このような株主軽視の対応に嫌気がさしたのだと納得しました。もちろん、我々はこのような対応だからといって、投資から撤退することはありません。

代わりに対応されたのは、ＩＲ担当の取締役の方。我々はまず、上場企業として当然のＩＲ活動をしっかり行うこと、潤沢すぎる現金を株主に還元するために配当性向（当期純利益のうち、配当に振り向ける割合）１００％の配当を実施すること、「アイベックス」の売却などを提案しました。仮に上場企業として一般株主の期待に応えられない、応えたくないと考えるのであれば、ＭＢＯ（マネジメント・バイアウト：経営陣が一般株主から株を買い取り、上場を廃止すること）により非上場になるべきことも併せて提案しました。しかし、いずれも色よい返事はいただけません。

続いて、お兄さんに対する支払いについても尋ねました。根拠がわかるよう、会社法に基づく株主の権利行使として「取締役会議事録」と「会計帳簿」の閲覧謄写を求めたのですが、いずれも無回答。「取締役会議事録」については開示しないというより、そもそも取締役会でお兄さんへの支払いについて議論されておらず、存在していなかったのかもしれません。

同時並行で、我々は2014年6月のJDLの株主総会で株主提案を行いました。同社の経営方針と我々の意見とでは、どちらが理にかなっているか、筋が通っているかを他の一般株主に問うてみようと考えたのです。

これ以降、株主提案は2016年6月の株主総会まで3期連続で繰り返しました。しかし結局、すべての提案が反対多数で否決。ただし3期目の2016年には、配当性向を100％とする増配提案について、JDL経営陣以外の一般株主の過半数から賛成を得るに至っています。

また2016年2月には、我々は株主代表訴訟も起こしていました。2人のお兄さんに支払った報酬は違法ではないか、会社に損害を与え、ひいては株主の利益を損ねたのではないか、ついては社長が私財で弁償すべきではないか、と司法に問うたのです。ストラテジックキャピタルにとっても初めての株主代表訴訟で、賠償の総額は約3・5億円。個人としては巨額ですが、同社の大株主でもある社長なら余裕で払える金額でしょう。

するとＨ２０１６年末、同社は唐突にＭＢＯを行うと宣言。社長の個人会社が、株価に約50％も上乗せして公開買付けを行うとのこと。当時のＪＤＬの株価は１６００円台でした。それを２４２０円で買い取ろうというわけです。

我々の計算では、もし提案どおりに経営を改善できれば、同社株は３０００円以上に評価されてもおかしくありませんでした。しかし我々もファンドであり、投資家からお金を預かっている身です。50％ものプレミアムが乗る機会を逃すわけにはいきません。

もちろん、公開買付け価格が低すぎると訴えて裁判所で争う手もあったのですが、そうすると最終結論が出るまでには何年もかかります。また日本の裁判所は、当時は「市場価格（株価）は尊重すべきもので、それにプレミアムが付いた価格ならよいではないか」と判断する傾向がありました。そのあたりの事情を勘案し、公開買付けに応じてすべての株を売却しました。投資としては十分なリターンを得ましたが、ちょっと残念な案件だったと言えなくもありません。

なお当然ながら、株をすべて売却した時点で我々は株主ではなくなったため、株主代表訴訟は継続できなくなりました。ＪＤＬがＭＢＯに踏み切った最大の理由は、おそらくここにあったのでしょう。当初、我々が「上場企業としての役割を果たす気がないならＭＢＯで非公開化すべき」との提案をしていたことは前記のとおりですが、「取締役会議事録」の開示を求めた際には、裁判所に対して我々のことを「非上場になれなどと、とんでもない提案をしてきた株主」と訴えていたのですが。

ＪＤＬは今日も非上場企業として存続しています。ここまで見てきたように、もともと一般株主を軽視していたことを考えれば、上場廃止は結果的に同社にとっても一般株主にとってもプラスだったのではないでしょうか。

「悪い会社」にこそ投資

２０１２年末にストラテジックキャピタルとして投資を開始して以降、アクティビスト活動を行い、その後売却した企業は18社にのぼります（２０２３年12月現在）。先にも述べたとおり、アクティビストと言えば「カネの亡者」であり、投資先企業に無理難題を要求し、利益を得たらさっさと去っていく不埒な連中、というイメージが一般的かもしれません。

たしかに、当初の目的を達成して投資から撤退すれば、その会社のその後の経営については関知する権利も義務もありません。ただし我々について言えば、かつて投資した企業のほとんどが、我々が資金を引き揚げた後も株価のみならず、例えばPBRなどの株式の評価を上昇させています（非上場化したJDLと図書印刷は除く）。つまり経営が改善され、市場からの評価や期待が以前より高まったわけです。我々の主な顧客である外国人投資家から、「ミスターマルキ、売るのが早すぎたんじゃないか」と質問を受けることもあるほどです。

しかし、これこそが我々の誇りです。やるべきことをすべてやり、それによって投資先企業が変わり、株価の評価が変わったと確認できた時点で、我々の仕事は終わる。そこが売りどきなのです。

もう少し具体的に説明してみます。我々が投資するのは、要は「悪い会社」です。昨今で言えばESG（「Environment／環境」「Social／社会」「Governance／統治」）への取り組みが遅れている会社、あるいは資本効率の良くない会社など。こういう会社は概して市場からの評価が低く、したがってPBRも1倍を大きく下回っていたりします。

悪いからこそ、良くなったときのリターンは大きい。そういう会社に投資しながらさまざまな提案を行い、悪い点が改善されれば、市場からの評価は高まる。それによって株価が上がれば、我々のみならず、すべての株主や経営陣、それに社員や取引先などのステークホルダーにとってプラスのはず。これが我々の基本的な考え方です。

もちろん提案と言っても、無理難題を押しつけるわけではありません。そもそも事業内容について口出しすること自体、実はあまりないのです。餅は餅屋で、外部の我々は事業の素人に過ぎない場合が多いと自覚しているからです。

一方で注目するのは、ガバナンスのあり方や財務状況。先に紹介したＪＤＬのように現金を貯め込んでいたり、余計な資産を持っていたり、取締役会が機能していなかったりしたら、それはなぜなのかを尋ね、どうすれば改善されるかを考えて提案するわけです。いずれも、株主として当たり前の主張をしているに過ぎません。

これは、主権者の立場で考えてみればわかりやすいでしょう。国や自治体がムダ遣いをしていたり、必要なところに使わずに貯め込んでいたりしたら、私たちは納税者・有権者として改善を求めるはずです。まして株主は株式会社の有権者であるとともにオーナーでもあり、投資元本が毀損するリスクを冒して投資しています。そのお金がどう使われているか、きちんとリターンを得られるのか、経営を注視するのは当然のことです。自らは直接に運用しない投資家《アセット・オーナー》から運用を付託されている我々は、言い換えるなら我々の顧客である投資家に対して受託者責任を負っているわけです。リターンを生むために投資先を選択し、直接会って働きかけることこそ、最大の役割です。

それには当然、ある程度の時間がかかります。「目先の利益ばかり追いかけて売り抜ける」という一般的なイメージとは裏腹に、だいたい3〜5年は株を保有し続けるのが従来のパターンです。

その間の基本的なアプローチは、投資先企業による四半期ごとの決算説明を聞くこと。その場で、説明をお聞きするだけではなく、株主の立場から質問したり、こうしてほしい、ああしてはどうかということをお伝えしたりします。あるいは決算説明の機会にかぎらず、お話ししたいことがあれば随時先方に面談を依頼します。その内容によって、会長や社長など代表権のある方の他、IR担当の取締役や社外取締役、監査役などとの面談を求めることもあります。トータルすると、1社につき年間で10回前後はこうした場を設定していただいていると思います。

もちろん、我々の提案や要望がすべて聞き入れられることは簡単ではありません。先方には先方の事情や理屈があるから、そこで議論を重ねるわけです。言い換えるなら、これほど面談の回数が多いのは、先方になかなかご納得していただけず、同じことを何度も繰り返し提案しているためでもあります。また面談だけではなく、我々の真意を正確に伝えるため、手紙に書いて送ったりもします。

あるいは先のＪＤＬの例のように、取締役会議事録や会計帳簿の閲覧謄写請求をしたり、株主総会で株主提案をしたり、さらには株主代表訴訟などの会社法上の株主権の行使も厭いません。それから広く一般株主や投資家の方から理解や賛同をいただくため、投資先企業について我々が考える問題点などを開示するウェブサイトを開設したり。また後でも詳しく述べますが、日本経済新聞の全面広告を使って具体的な主張を展開したファンドは、おそらく我々が初めてではないでしょうか。

これらはいずれも、「我々は正しいことをしている」という自負の表れです。またしばしば誤解されがちだからこそ、株主として当然の主張についてできるかぎりオープンにして、広く一般に向けて堂々と是非を問うているのです。

それによって我々に対する理解が進み、多少なりとも世論を味方につけることができれば、投資先の企業も考えを改めていただけるかもしれない。そんな望みを託していることは、言うまでもありません。

投資先企業の株価は我々の売却後も伸びている

図4は、2023年12月現在、ストラテジックキャピタルがこれまで行ってきた投資のうち、アクティビスト活動を行った銘柄の結果を一覧にしたものです。ファンドの規模としてはまだまだ小さい上、集中投資を原則としているため、銘柄数としてはこれがすべてです。

これを見ると、1銘柄を除いたほぼすべてのPBRが、買ったときより売ったときのほうが高くなっていることがわかると思います。つまり株式の評価が上昇したということです。

ほとんどの銘柄が、売却の1年後や3年後にさらに高くなっています。おこがましい言い方をすれば、我々がさまざまな提案をしたことによって、その企業の経営方針が株主重視の方向に変わり、市場での評価が高くなり、その傾向は売却後も変わらなかったということです。

では、それぞれの企業にどういう提案を行ったのか。それをまとめたのが図5です。

図4　ストラテジックキャピタルの投資実績
投資フェーズ別PBR

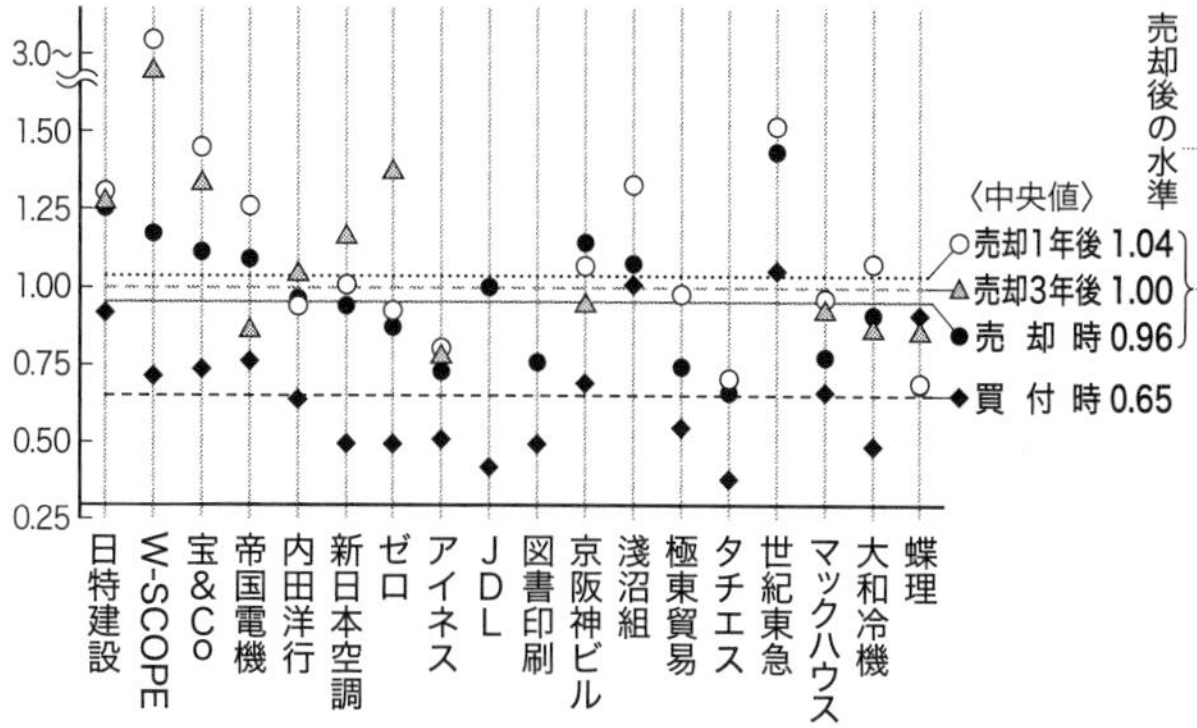

出所：QUICK ASTRA MANAGER、2023年12月29日現在
注：買付け時および売却時の値は、それぞれ買付け開始および売却完了した月の平均値。売却後の値は売却が完了した月の翌年以降の同月平均値を参照。JDL、図書印刷は上場最終日を売却1年後の値としている。売却後1年または3年経過していない銘柄については、直近の値を参照している。

このうち、何らかの形で提案を受け入れていただいたのが、18社中17社。その中には、1～2回の面談だけで我々の提案を受け入れてくださった会社もあります。

例えばTAKARA&COMPANY（旧名は宝印刷）は、もともと上場企業の有価証券報告書などの印刷物を多く扱うなど、IRのサポート支援を得意としていました。ところが自社のIRについては消極的。また自己資本を十分持っていながら、配当性向は低めでした。

そこで我々は初めて社長にお会いした際、これらの点を指摘して改善

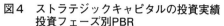

図5　ストラテジックキャピタルが行った株主価値向上施策

	経営方針を転換																経営方針不変	
	日特建設	W-SCOPE	宝&Co	帝国電機	内田洋行	新日本空調	ゼロ	アイネス	JDL	図書印刷	京阪神ビル	淺沼組	極東貿易	タチエス	世紀東急	マックハウス	大和冷機	蝶理
増配	○		○	○	○	○		○	○	○	○	○	○	○	○	○		○
自社株買い／消却	○			○	○	○		○			○	○			○			
ガバナンス改善	委員会の設置等					○	IRの改善等	○			○	○	○		○			△
資本効率性の低い資産の売却								○		○		○	○	○				
資本コスト／中計の開示			○			○	○			○		○	○	○	○			
企業再編							筆頭株主によるTOB		MBO	完全子会社化	×TOB失敗							
その他		トップセールスによる業績改善														×業績悪化	○業績向上	
投資期間	1～2年	1～2年	1～2年	1～2年	1～2年	3～4年	1～2年	2～3年	4～5年	4～5年	3～4年	4～5年	5～6年	2～3年	5～6年	3～4年	4～5年	5～6年

を提案したところ、1か月後にその要素を盛り込んだ中期経営計画を発表されました。これを機に、同社の株価水準は急速に上昇していったのです。

ただし、これはレアなケース。面談を繰り返すだけではなかなか提案を取り入れていただけないことは先に述べたとおりです。

あるいは、思惑外の展開を見せることもあります。例えば京阪神ビルディングの場合、我々が株主になって以降、中期経営計画の期間中でありながら自主的にそれを修正し、増配したり、自社株買いを始めたりしていただきました。おかげで株価は少し上昇しましたが、それは我々の望む改革ではありませんでした。同社の本質的な問題は、資本コスト（資金調達のコスト）未満のリターンしか得られない不動産を保有していることだったからです。

その後、我々は同社の株の持ち分を10％から30％に増やすべく、ＴＯＢ（株式公開買付け）を行いましたが、市場での株価が買付け価格を上回ったため、このＴＯＢは不成立で終わりました。

またマックハウスの場合、我々が投資を開始した直後から、それまで10円だった配当金を40円に増配していただきました。一気に4倍に増えたため、当然ながら株価は上昇します。ところがその後、業績が悪化。すぐに減配するわけにもいかないため、ついには資産を取り崩しながら配当するタコ足配当の状態に陥りました。見方を変えればそれだけ多くの現金を持っていたわけですが、結局、我々としてもあきらめて撤退せざるを得ませんでした。当時のマックハウスや親会社であるチヨダの経営陣とも何回か話しましたが、業績が回復するとの期待ができませんでした。

一方、我々の提案をわずかしか聞き入れていただけなかったのが、大和冷機と蝶理。両社とも我々の提案とは関係なく業績を拡大させましたが、蝶理については株価がともないませんでした。同社は膨らんだ利益を株主還元に回さず、内部留保を積み増す方向に行ってしまったということです。

以上が我々の通信簿です。たまに「これだけ株価を上げたら、経営者にも感謝されるのでは?」と聞かれますが、正直なところその記憶はありません。もしかしたら心の中で思ってくださっている方もあるかもしれませんが、売った後はもうお会いすることもないので、お礼を言われる機会もありません。ただ、少なくとも一般の株主の方からは喜ばれていると思います。

結果として、我々が運用しているファンドの運用成績も良好で、2023年には

「HFM Asian Performance Awards 2023」の Japanese Equity 部門を受賞しています。HFMは、投資や運用会社に関する調査で有名なウィズ・インテリジェンス社が提供するデータベースです。そのデータをもとに定量的・客観的に決定されるのが同賞です。

二つの「コード」の登場で世論に変化が

私が起業してかれこれ11年が経過したわけですが、当時と今とでは環境がずいぶん変わりました。当初は「アクティビスト」のイメージのためか、批判的な記事を書くメディアも少なくなかったと記憶しています。

例えば我々が投資先に株主提案をすると、「短期的な利益を狙っている」などと書かれました。しかし、これは三つの意味で間違っています。第一に、我々は株主提案が可決されることをほとんど期待していません。提案により他の株主にも我々の考えを伝えるとともに、経営者が自ら変化していただくことを期待しているのです。けっして株主提案によって短期的に利益が出るとは思っていないのです。第二に、先にも述べたとおり、我々は少なくとも3～5年にわたって持ち続けることを常としています。

そして第三に、仮に短期的な利益を狙ったとして何が悪いのでしょうか。どんなビジネスでも、スピードや効率は重要な条件です。例えば新聞にしても、短時間の取材で、より早く、より正確な記事を数多く書ければそれに越したことはないはず。ファンドも投資運用業というビジネスである以上、より短期で大きな成果を得られたとすれば、その分だけ顧客の投資家に喜んでいただけるわけです。合理的な批判ではなく、他人が儲けるのは面白くないという感情を煽るだけの記事だったと思います。

あるいは額に汗せず、株式市場で儲けるのは悪いこと、株主より社員を大事にすべきだ、という刷り込みがあったのでしょうか。今でもそう思っておられる方は少なくないかもしれません。

しかしここ数年の間に、世の中の雰囲気はずいぶん変わりました。我々の活動が社会からそこそこ認知され、批判ばかりではなく評価もいただけるようになったのです。メディアの書き方も、「モノ言う株主」が言っていることは意外と正しいのではないか、聞く耳を持ってもいいのではないか、という論調が増えてきました。

その要因の一つは、２０１４年に金融庁が「スチュワードシップ・コード」を策定したことだと思います。日本語に訳せば「責任ある機関投資家の諸原則」。つまり、機関投資家に対し、投資先企業との対話を通じて持続的な成長を促し、投資リターンの最大化をめざそうということです。

もともと機関投資家は「フィデューシャリー・デューティー」というものを負っています。「受託者責任」とか「投資家に対する忠実義務」などと訳されますが、金融庁がそれを明文化して念を押したようなものと言えるでしょう。

また翌2015年には、金融庁と東京証券取引所によって「コーポレートガバナンス・コード」も策定されています。こちらは上場企業の企業統治の原則を記したもので、経営の透明性や公正性を高め、やはり持続可能な成長や企業価値の向上を目的としています。

いずれもグローバルに通用するものであり、日本にだけ特殊なルールが設定されたわけではありません。従来の日本の慣行を見直し、資本主義や株式市場の原則に立ち返って企業の競争力を高め、ひいては日本経済の発展に寄与させようという内容です。

あまりにも当然のことなので、なぜわざわざルール化する必要があるのか、という考え方もあったでしょう。しかし、こういうものを監督官庁である金融庁や東証が打ち出したことに意義があると思います。それだけ従来は日本企業の多くが資本主義の原則から逸脱し、成長していないと憂慮されていたわけです。さすがにどんな投資家も企業も、監督官庁が先頭に立って策定したルールには従うことが期待されました。

実際、これらのコードは我々にとって強力な援軍になっています。例えば投資先の経営者さんに提案をするときも、「コーポレートガバナンス・コードにもこう書いてありますよ」という言い方ができる。我々がけっして無理難題を押しつけているわけではないことを、説明しやすくなったわけです。

また我々自身も、ウェブサイト等で活動を広く紹介してきました。ここまで情報を公開しているファンドも珍しいと思います。株式市場には、「5%ルール」というものが存在します。上場企業の発行済み株式数の5%超を取得したら、「大量保有報告書」を提出する、つまり公開しなければならないという制度です。

このルールがある以上、我々の株式保有は隠しようがありません。ならば逆に堂々と伝えたほうが、市場参加者の共感を得やすいのではと考えたわけです。

日本経済新聞に全面広告を出した理由

それから先に述べたとおり、我々は2018年以降、毎年6月または7月に日本経済新聞に全面広告を出しています（2021年だけは『週刊ダイヤモンド』に掲載）。それもイメージ広告ではなく、ほぼ全面を文字で埋め尽くした意見広告です。投資先各社がどういう課題を抱え、それに対して我々がどういう提案を行っているかを詳細に記しました。ファンドとしてはきわめて珍しいと思いますが、これには理由があります。

東芝のTOBやセブン&アイによる傘下のそごう・西武の売却など、昨今は国内外のファンドと日本の大企業とのせめぎ合いが相次いでいます。これらは動きがあるたびに大きく報じられ、テレビや雑誌等で特集が組まれたりします。それだけ世間の関心が高いということでしょう。

ファンドにとってみれば、大手メディアが広告費ゼロで宣伝してくれるようなものです。結果的に悪く書かれることもありますが、取材に来ていただければ自分たちの主張を伝えることもできます。

一方、我々の投資先企業については、メディアから取材を受けることは多くありません。時価総額の小さい企業への投資が主だからニュースバリューが低いのでしょう。ならば自らお金を払って宣伝すればいいのではないか。それが、広告を出すことを思いついたきっかけです。掲載した会社の株主の方にお読みいただいて、我々に賛同していただきたいということが一つ。それから広く投資家の方にも「モノ言う株主」が何を言っているのか関心を持っていただいて、できれば共感していただきたいという思いもあります。また副次的な効果として、当の経営者の方々にプレッシャーを感じていただければ御の字、という感覚でした。

ただし、名指しされた投資先企業にとっては面白くないでしょう。我々も名誉毀損などで訴えられることのないよう、弁護士にもチェックしてもらい、虚偽や誇張のない事実を書くようにしています。

こういう広告を出すと、広告会社の担当の方から反響を教えていただけます。それによると、読者の方の多くは非常に好意的だったとのこと。また個人的にも、知人・友人から「面白い」「驚いた」といった声をいただきました。

一方、当の投資先企業からの反応は、ほとんどありませんでした。掲載後に面談等でお会いすると、「特にコメントは無いです」とか「認識の違いがあるようで」などと言われる程度。

ただ、明らかに嫌がっている様子の企業もありました。それが2023年に最上段に掲載した日本証券金融（日証金）です。

日証金の天下り問題

日証金に株主提案をするようになってから、我々はしばしば新聞や雑誌で取材していただけるようになりました。それだけニュースバリューがあるようです。

日証金は証券会社への資金や株券の貸し出しを本業とし、それらを取引所のシステムで決済できる国内で唯一の証券金融会社です。設立は1927年、東証への上場は1950年という歴史と伝統のある、しかも公共性の高い企業です。

しかし我々が何より問題だと思うのは、上場から現在までの70年以上にわたり、歴代10人の社長全員が日本銀行の理事経験者の天下りで占められていることです。あるいはそれ以外にも常に複数の方が日銀から天下って役員などに就任。さらに最近40年くらいは、常に財務省と東証からも天下りを受け入れていました。

ちなみに日銀は、役員の退任後、2年間は取引先に再就職できないというルールを設けています。このルール自体は守られていますが、逆にそれを隠れ蓑にして、2年後にしっかり天下るのがパターンです。

しかも、彼らはたいへんな高待遇で迎えられます。執行役であれば、平均年収は約5

000万円で日銀総裁の3500万円を大きく上回ります。加えて専用の部屋や、役職によっては社用車まで提供されます。さらに社長を退任後は会長や顧問といったポストが用意され、具体的な職務は不明ながら高待遇を受け続けているようです。

もちろん、彼らが経営者としてたいへん優秀で、待遇に見合う以上に同社の業績や株価を押し上げているのであれば誰も文句は言いません。しかし、我々が投資を開始する以前から長らくPBRはずっと1倍以下で、ROE（株主資本利益率）も3～4％ときわめて低いまま。優秀とはほど遠い状態でした。

だとすれば、彼らはどういう選定のプロセスを経て経営陣に迎えられたのか。残念ながら、能力とは無関係に、単なる天下りポストとして用意された可能性が濃厚です。それは「ESG」の観点で言えば、「S（社会）」にも「G（ガバナンス）」にも反します。我々が株主として是正を求めるのは当然でしょう。

2023年2月には、同社に臨時株主総会を招集してもらい、「天下りの取締役候補をどのように選定したのかを調査する検査役選任」を株主提案しました。さらに同年6月の定時株主総会では、「執行役会長の廃止」「社長経験者の再雇用等の禁止」「代表執行役社長の報酬開示」などの株主提案を行いました。株主総会ではすべて否決されましたが、賛同していただける一般株主は少しずつ増えていると思います。

結果として財務省出身者と東証出身者の役員は退任され、現在は日銀出身者だけが、会長、社長、専務、子会社社長、顧問2名、と計6名残っているようです。2023年1月に、「今後、社長は公共部門出身者とはしない」旨を公表したのですが。

一連の経緯で驚いたのは、先にも述べたとおりメディアの反応です。企業の価値や株価云々というより、あからさまな天下りやその後の高待遇を看過できないという思いがあるからでしょう。

以前、取材に来られた一般紙の記者の方に「どうしてこんなに書いてくださるんですか」と尋ねたところ、「ストラテジックキャピタルさんのやっていることが正しいと思うから」とおっしゃっていただけました。やはり、世の中の感覚はずいぶん変わってきたように思います。

ただし経済専門メディアの中には、いささか及び腰に見えるところもありました。財務省や日銀のことを悪くは書けない事情があるようで。

「天下りは優秀」というアンコンシャス・バイアス

私が天下りに強い問題意識を持つようになったのは、野村證券に勤めていた時代に通産省（現・経産省）に出向した経験があるからです。30年以上も前のことなので今は変わっているはずですが、少なくとも当時、私が目の当たりにしたのは、「天下り先をいかに作るか、増やすか」に躍起となっていた官僚たちの姿でした。

例えば一つ法律を作ったら、その法律に基づく組織を作り、適当なポストを新設して天下りできるようにする。ただしダイレクトにやると露骨なので、他の省庁出身者を貸し借り関係で天下りさせることもある。あるいは天下り先となっている業界団体への予算を付ける。一定以上の役職者が出席する省内の会議で、「これから俺たちはどうやって飯を食っていくんだ」と妙な檄を飛ばす幹部もいました。国家・国民のために働いていただくべき官僚が、自分たちの利益のために活動する姿を見れば、誰でも「天下りは良くない」と気づくはずです。

その後、ファンドを立ち上げてさまざまな企業や業界について調べるうちに、この国にはいかに天下りが横行しているかがわかりました。どの業界にどの省庁から主に天下っているか、だいたいパターンが決まっているのです。

先にも述べたとおり、それでも天下った先の企業価値や株主価値を引き上げてくれるなら、制度上の問題はともかく我々株主として文句は言いにくい。しかし日証金が長らくそうであったように、たいてい株価はPBR1倍以下に沈んだままだったりします。それもそのはずで、官僚の経験しかない人物がいきなり民間企業の経営を任されたところで、そううまくいくはずがありません。

まして彼らにとっては〝第二の人生〟で、のんびりしているだけで高い報酬が約束されている。企業価値を上げようなどというインセンティブが働かないのです。素人のパイロットが操縦桿を握っているようなものなので、株価も不安定な低空飛行が続いてしまうのは当然でしょう。

ただ、天下りはかねてより問題視されていました。それでも後を絶たないのは、他ならぬ株主がそれを許してきた側面もあると思います。その一つの理由を端的に言えば、それはアンコンシャス・バイアス（無意識の思い込み・偏見）の問題です。

例えば「アシスタント」と言うと、女性をイメージすることが多いのではないでしょうか。それと同様に、何代にもわたって天下りの経営者を受け入れてくると、それが当然だと思うようになる。まして監督官庁から来るとなれば、従うしかないと決め込む。いずれも、固定観念に囚われているといってもいいかもしれません。

あるいは元官僚だからとか、一流大学を出ているからといった理由で「優秀」と思い込むのも間違いの元。これもアンコンシャス・バイアスの一種だと思います。一部の人が変えようと努力しても、全体の意識を変えるのは至難の業でしょう。

役員に天下りの経営者を受け入れることは、社会正義に反するし、経営者の選定方法の問題でもあり、まさにESGのS（社会）とG（ガバナンス）の観点から是正すべき事象なのです。我々としても、日証金については、天下りをめぐる世間のアンコンシャス・バイアスを引き剝がしていけるよう、声を上げ続けなければいけないと決意する契機となりました。

最大のリスクはレピュテーション

ところで周知のとおり、私はいわゆる「村上ファンド」の創業メンバーの一人でした。当時は激しい批判を浴びましたが、事業として行っていること自体は当時も今もさほど変わりません。ただ今にして思えば、最大の反省点はレピュテーション（評判・評価）

リスクを軽視しすぎたことです。

当時は、嫌われることを厭いませんでした。むしろ相手に対して失礼なことを言う際に、感情を込めていたと思います。

「あなたは経営者失格です」

「ダメなところを一つ一つ説明しましょう」

私自身は弱い人間なので、いざ面談の場では意識的にテンションを上げる必要がありました。その勢いに乗せて自らを鼓舞するしかなかったので、つい強い口調になってしまったこともあったわけです。二十数年前のことなので、当初は、当時絶滅しつつあった「総会屋」と勘違いされたかもしれません。

ついでに言えば、私は1999年まで在籍していた野村證券で、上場企業をお得意先とする部署にいました。そこでの主な仕事は、もちろんまともな提案を行うのですが、接待もしてお世辞も言い、ビジネスをもらうこと。その業務に慣れた人間が、しかも同じような事業会社の方々を相手に、まるで真逆の姿勢で接するのは、最初は精神的にキツイことでした。

しかし結局、投資先のみならず社会からも嫌われてしまうと、いいことは何もありません。我々がいくら筋の通った、しかも日本経済や社会にとってプラスになる主張を繰り返しても、素直に聞いてもらえない。それどころか、憶測による誹謗中傷を受けてしまうこともありました。

その反省から、今はずいぶん成長したと自負しています。相変わらず投資先企業の方に厳しいことは言いますが、少なくとも感情的になることは滅多にありません。あくまでも冷静に、トーンを変えずに話せるようになりました。それでも、経営者の方々には好かれていないでしょう。今も昔も変わりません。

また戦略としても、以前は、株主提案を行う場合、株主総会で過半数の賛成を得て勝つことを目標としていました。しかし今は、前に述べたとおり数の力で勝つことを目的にはしていません。我々は、最初から通らないことを見越した上で提案することが多いのです。20％でも30％でも賛成票があれば十分。まずはアイデアや主張を広く知っていただくことが重要なのです。

またそれを2年、3年と続けていくと、徐々に認知が深まって賛同者も増えていきます。けっして無理難題を要求しているわけではなく、合理的で全員がハッピーになれるような提案をしていることを理解していただける。結局50％を超えることはなくても、それが経営者の意識を変えることになるのです。

実際、例えば増配の株主提案をして株主総会では否決されたのに、その後の経営者の判断で自主的に増配を決めていただくケースはかなりあります。おそらくそれは、増配に理があると気づいたからでしょう。少数とはいえ株主に指摘され、利益を過剰に社内に貯め込むことに〝うしろめたさ〟のようなものを感じたのかもしれません。

こういうことが起こり得るから、我々はより多くの株主や投資家に呼びかけながら、できるだけ味方を集めるように心がけているわけです。ここまで述べてきたような情報開示やメディア対応も、その一環です。

ただし、まだ理不尽な扱いを受けることもあります。我々は、何社かの証券会社や銀行などとは取引ができており、ビジネスの遂行にまったく問題はありません。ところがある大手証券会社は、いまだに（2023年現在においても）「アクティビストの口座開設はお断りしている」とのこと。おかげで、弊社が運用しているファンドの口座開設ができませんでした。このような声がまだ存在するということも、また事実なのです。

国内のアクティビストはまだ少数

なお、一口に「ファンド」と言ってもいくつかの種類があります。ここで簡単に紹介しておきます。

まず、しばしば派手に動いてメディアでもよく取り上げられるのが、「プライベートエクイティ・ファンド」。上場、非上場を問わず企業の過半数の株式を取得する「買収ファンド」もそう呼ばれます。上場企業の発行済み株式の半分以上、もしくは100%の取得によって非上場化をめざし、経営権そのものを奪取しようというわけです。あるいは非上場のベンチャー企業に先行投資するベンチャーキャピタルも、プライベートエクイティ・ファンドと呼ばれます。

一方、株式に投資するその他の多くのファンドは、基本的に上場企業の株だけを扱います。いわゆる投資信託もその代表的なもので、市場全体の動きとの連動をめざすパッシブ運用と、銘柄を選択して市場の動きよりも高い結果をめざすアクティブ運用があります。もちろん我々は後者に属します。

アクティブ運用の中にもいろいろあります。これから成長しそうな会社を選んで投資するファンドが多いのですが、経営上の改善余地がある会社を選び、その改善を提案することで株価の上場に期待するファンドもあります。後者の中でも積極的に経営者に働きかけるのが、我々のようにアクティビストと呼ばれるわけです。

投資先との対話を積極的に行うファンドもありますが、かならずしもアクティビストというわけではありません。アドバイスを送るなどフレンドリーに接し、経営の改善を図る場合もあります。これらは「エンゲージメント（目的を持った対話）投資」と呼ばれます。日本のアクティブファンドは、このパターンがほとんどだと思います。むしろアクティビストはごく少数でしょう。

海外には、巨大な規模を誇るアクティビストが少なからず存在します。かつてソニーを揺さぶったサード・ポイント、オリンパスに取締役を送り込んだバリューアクト・キャピタル・マネジメント、投資の失敗で落ち込んだソフトバンクグループ株を買い進めたエリオット・マネジメントなどが有名でしょう。

以上は米国のアクティビストですが、シンガポールには一時東芝の大株主になった3Dインベストメント・パートナーズや、元村上ファンドの若手たちが新たに起こしたエフィッシモ・キャピタル・マネジメントなどがあります。香港を拠点とするオアシス・

マネジメントも、複数の日本企業の株を大量保有していることで話題になりました。

ただしアクティビストの括りの中でも、投資手法はそれぞれです。規模の大きさにものを言わせ、株をどんどん買い進めていくところもあるでしょう。しかし我々の場合は違います。我々が投資家向けに発行している「目論見書」には、原則として、発行済み株式の40％以上は買い進めないこと、またファンドとして1銘柄でポートフォリオ（運用商品の組み合わせ）の30％を超えるような集中投資はしないことを明記しています。

我々のファンドはまだまだ規模が大きくありません。上場企業の経営者にいろいろうるさいことを言うファンドというのは、海外ならまだしも、国内の投資家からは敬遠されがちで、なかなか投資していただけないのです。それに「アクティビスト」というだけで、まだ悪いイメージを抱いている方も少なくないでしょう。そのため、我々の投資家の約8割は外国人です。

またその投資家の方々の多くも、ファンドとして急激に大きくなることは望んでいません。ファンドの運営というのは難しいもので、運用額が小さいうちはパフォーマンスが良くても、大きくして悪くなることが少なからずあるそうです。資金を預かった以上は運用しなければならず、従来とは異なる投資方針になってしまったり、多少無理筋なところに投資したりして失敗しかねないからです。勝手知ったる投資家の方々は、そういう事態を心配されているわけです。

もちろん我々としては、もっと規模を大きくしたいという希望を持っています。そうすれば時価総額の大きい企業を投資対象にできるし、日本経済へのインパクトも大きくなるはずです。いずれにしても、まずは我々の投資家に理解していただくことが必要になります。

2章　誰のための「買収防衛」か

買収防衛策は「バーゲンセール」の証でしかない

日本の株式市場には、独特の慣習が少なからず存在します。それが日本企業や日本経済の発展に寄与するならまったく問題はありませんが、実際は逆。経営者の保身のために、株主を含めたすべてのステークホルダーが不利益を被っている例が多いのです。

その典型が、買収防衛策。これはアメリカ発祥のもので日本に特有の慣習ではありませんが、その運用実態がアメリカとは異なると感じます。広義の買収防衛策としては、安定株主づくり、取締役の任期を2年として毎年約半数が交代で選任されるようにする（期差選任）、などもありますが、ここでは平時に株主総会決議によって導入する狭義の買収防衛策についてお話しします。

狭義の買収防衛策とは、買収対象会社の取締役会が、発行済み株式の20％以上となるような大規模買付け行為を行う買収者を「株主共同の利益（株主全体に共通する利益）を害する者」と判断した場合に、買付け者以外の株主に対して新株予約権を無償で割り当てるというものです。

この判断のために、買収者に対して情報提供を要請し、60日間程度検討すると定めるのが通例です。新株予約権を発行すれば買収者の持株比率を下げるだけではなく希薄化（増資により既存株主の持ち分が薄まること）により株価も大きく下落することになるため、買収者は買収提案の撤回を検討せざるを得なくなる。これが狭義の買収防衛策の効果です。

しかし「悪い企業」を見つけて投資することを生業としている我々からすると、導入している企業はむしろ自ら「バーゲンセール」の貼り紙をしているようにしか見えません。効率的な経営をして株価がそれを反映していれば、そもそも防衛の必要などないはずです。ところが株価が割安に据え置かれているから、買収の対象になり得る。また経営陣はそれを自覚しているから、何らかの買収防衛策に頼らざるを得ないわけです。それはむしろ「うちの会社は割安ですよ」「我々は会社の価値を高める自信がありません」と宣伝しているようなものなのです。

我々の投資は、基本的に企業買収を目的としていません。経営者に対して交代を要求することはあっても、過去に発行済み株式の過半数を買い占めたこともありません。ただ投資先を選ぶ際、買収防衛策を導入しているかどうかを判断材料の一つにすることはあります。絶好の「割安」のシグナルだと考えているからです。

それに一般的な買収防衛策は、先に述べたとおり買収者が発行株式の20％以上を買った時点で発動されます。しかし我々は多くの場合それ未満しか買わないので、防衛策が発動されることはありません。その意味でも、〝使える〟シグナルなのです。

逆に投資先の企業が買収防衛策を導入している場合には、その廃止を提案することが通例です。これから企業の価値を高めようというときに、多くのプロの投資家から評価されない買収防衛策を継続する必要は何もないからです。

「防衛」したいのは経営者の地位？

日本で敵対的買収が大きな話題になったのは、2005年にライブドアがニッポン放送株を買い占めたときでしょう。

当時、ニッポン放送ははるかに規模の大きいフジテレビの大株主でした。つまりニッポン放送の経営権を取得すれば、間接的にフジテレビの経営にも参画できる。そういう歪《いびつ》な構造になっていたわけです。テレビメディアに興味を持っていたライブドアは、そこに目をつけてニッポン放送株を買い進めます。東証の時間外取引を利用することで、ある日突然筆頭株主に躍り出ました。

慌てたニッポン放送とフジテレビは、ニッポン放送が取締役会決議により（株主総会の承認なしで）フジテレビに対して既存株をはるかに上回る新株予約権を発行すると発表。株の価値を大幅に希薄化することで、ライブドアの持ち株比率を引き下げ、影響力を排除しようとしたわけです。

それに対し、ライブドアはこの行為が商法に反するとして、東京地裁に差し止める仮処分を申請。これが認められ、新株予約権発行による買収防衛は不可能になりました。結局その後、両社は和解し、ライブドアは保有するニッポン放送株をフジテレビに売却。フジテレビはライブドアに出資することで業務提携を結ぶことになりました。

そして、２００７年には、米国のアクティビスト・ファンドであるスティール・パートナーズが、ブルドックソースの株式に対して公開買付け（ＴＯＢ）を実施しました。しかしブルドックソースが株主総会の特別決議を経て買収防衛策を発動し、結局スティール・パートナーズは撤退しました。

この一連の経緯から、上場企業はこぞって平時から買収防衛策を導入するようになります。買収防衛策の具体的な制度設計をするのは弁護士事務所で、当時は一件につき2

000～3000万円のフィー（手数料）を取ると言われていました。ピークである2008年には570社が導入済みとの統計もあります。おかげで弁護士業界は大儲けをしたことでしょう。

2023年8月末、経済産業省は「企業買収における行動指針」（以下「指針」）を公表しました。そこでは、買収防衛策の目的について以下のように記しています。

買収への対応方針が適切に用いられる場合には、株主に検討のための十分な情報や時間を提供するとともに、取締役会に買収者に対する交渉力を付与し、買収者や第三者からより良い買収条件を引き出すことを通じて、株主共同の利益や透明性の確保に寄与する可能性もある。

つまり買収防衛策の目的は、株主共同の利益の確保にあります（傍線筆者。以下同）。そのために買収者から情報提供を受け、是非を検討する時間を確保することで、買収条件を改善できるような交渉力を獲得しようというわけです。

買収者が現れたとき、その提案が既存の一般株主にとってプラスかマイナスか、ただちには判断できないことがあります。そこで情報を収集したり、買収者に質問状を送ったりして検討するわけですが、その時間を確保するための手段という位置づけです。あくまでも、買収提案が既存株主の利益になるか否かを判断することが目的のはずなのです。

ところが今までの日本では、買収防衛策は単純に買収を妨害するための道具になっていたのではないでしょうか。つまりは一般株主の利益のためではなく、経営者の保身のためでしかないわけです。

例えば２００８年、日本電産（現・ニデック）が東洋電機製造に買収を持ちかけたことが話題になりました。日本電産側は市場価格の２倍を提示して東洋電機株のＴＯＢを提案。しかし東洋電機側はすでに導入していた買収防衛策の一環として、日本電産側に質問状を送付します。そのやりとりが何度となく繰り返されるうちに提案期限を迎え、日本電産は撤退しました。これが東洋電機の株主の利益にかなうものだったのか否かは、はなはだ疑問です。

株主平等の原則を凌駕する「強圧性」とは

ここからは、具体的な買収者が現れた際に導入される、いわゆる有事の買収防衛策についてお話しします。

企業が有事の買収防衛策を導入・発動するということは、緊急を要することを意味します。したがって、取締役会の決議だけでも可能との考え方もあります。しかし、それでは事後的に裁判所から否定されるリスクがあるため、最近では平時の買収防衛策と同様、株主総会で承認を得る必要性が高まっています。株主にとっては、「まさに目の前に登場した買収者に買収されること」と、「防衛策で買収者を撤退させ、現経営陣に株主価値向上を託すこと」のどちらの利益が大きいか、選択を問われるわけです。

この判断のポイントになるのが、一般株主に対する「強圧性」の有無だそうです。買収者による買収の仕方によっては、株主は不利益を被るとわかっていても、さらなる不利益を避けるために買収に賛成せざるを得ない状況に追い込まれる、ということだそうです。

先の「指針」では、この「強圧性」について以下のように説明しています。

対象会社の株主が買収に応じないでいる間に買収が実現すると、買収に応じた場合と比較して不利益を被ると予想される場合には、たとえ多くの株主が買付価格は客観的な株式の価値より低いと考えている場合であっても、株主が買収に応じるような圧力を受けるという問題である。

具体的には、以下の三つのパターンがあるとしています。

①最初の買付け条件を有利に、二段階目の買付け条件を不利に設定あるいは明確にしない（強圧的二段階買収）
②少数株主が残存する可能性のある公開買付け
③急速な市場内買付け

問題は、これらの「強圧性」が認められる場合、株主総会で有事の買収防衛策を発動すべきか否か採決する際に、すでに大株主となっている買収者と対象会社の取締役の議決権行使を認めない、とする事例があり、裁判所も適法としたこと（③のケース）です。つまり買収防衛策の発動が濃厚になり、買収者側は不利な状況に追い込まれるわけです。

しかし、これらの3パターンは本当に「強圧性」と呼べるのでしょうか。一つずつ検証してみたいと思います。

まず①については、その不公正さについて異論はなく、該当し得ると考えられます。しかし、現実に2回目の買収価格を低くした事例を私は知りません。おそらく今後も登場しないでしょう。

また②については、おおいに疑問です。公開買付けが成立する可能性がある前提なら、買付け価格は直前の株価にプレミアムが付いているはずです。ただし買付け予定数に上限を設けている場合、応募した株主全員が全保有株をプレミアム価格で売却できるわけではありません。そのときは比例配分（あん分比例方式）により、公平に買付け枚数が割り当てられることになっています。応募した一般株主にとっては、保有株の一部だけがプレミアム価格で売却され、残りの株は保有し続けることになるわけです。

問題は、それが「株主共同の利益」に反するか。応募したすべての株主が、一部だけでも高値で売却できるわけですから、けっして反することにはならないと思います。

もし不利益になるとすれば、公開買付けの成立後、株価が以前の水準より大幅に下がってしまうことが強く推認される場合です。たしかにこれなら、公開買付けに応じるしかありません。これはまさに「強圧性」です。

しかし大株主となった買収者が、将来的に対象会社の株価を下落させて自らの資産価値を毀損させるよう行動するとの想定は、合理的ではありません。強いてそのような状況が想定されるとすれば、買収者が対象会社との間の商取引において、買収者に有利な取引条件等を押しつけて対象会社から収奪する場合くらいでしょうか。

なぜ買収防衛策の導入で株価は下がるのか

そして③について、「指針」では以下のように述べています。

先に市場で売り注文を出した株主から「早い者勝ち」で株式の買付けが行われるとともに、売り手と買い手の間の情報の非対称性が大きいため、公開買付けよりも強圧性が生じやすいという指摘もある。

これには実例があります。2021年、アジア開発キャピタルの子会社（以下「アジア開発」）は東京機械製作所の経営権取得をめざし、市場から株を買い集めました。ピーク時には、その持ち株比率は約4割にも達しました。

これに対し、東京機械製作所の取締役会はただちに有事型の買収防衛策の導入のための臨時株主総会の開催を決めます。アジア開発以外の株主全員に対して新株を発行し、アジア開発の持ち株比率を下げようというもので、まさに有事の買収防衛策です。

問題は、その導入の仕方です。その承認を臨時株主総会で得る際、「強圧性」を理由として、当事者で筆頭株主であるアジア開発の議決権行使を認めようとしなかったのです。

当然ながら、アジア開発側は買収防衛策の発動の差し止めを司法に求めました。たしかにこれは、会社法に定められた「株主平等の原則」に反します。ところが東京地裁は、それを却下。東京機械のやり方を認めたのです。さらに東京高裁、最高裁でも争われましたが、いずれも東京地裁の判断が支持されました。

結局、アジア開発は東京機械の経営権の取得をめざさないことを明言し、東京機械側も買収防衛策の発動を見送りました。実はそれ以降、東京機械の株価は大きく下落します。アジア開発という特定の買収者による買収が本当に防止されてしまうことになったためです。

この株価下落は「指針」や裁判所が「強圧性」の要素として示した「多くの株主が、買付け価格が株式の客観的な価値よりも低いと考えている」ことが該当しなかったことを意味します。東京機械の株主は、強圧性を感じて売却したのではなく、株価が上昇して「ラッキー」と思って売ったのです。つまり、少なくとも今までのところ、日本において対象会社側の経営陣（とその弁護士）が主張していた「強圧性」は、対象会社経営陣が買収者から身を守るために創造した虚構の概念だったわけです。

その虚構のために、会社法に定められた「株主平等の原則」に反して買収者が議決権を行使できなかったことは、きわめて残念だと思います。裁判所も、買収者の議決権行使を認めなかったことを是としましたが、裁判官の方々は株式市場に疎いと思われます。買収者側がもっとよく説明すべきだったのかもしれません。

「強圧性」が議論とならず、買収者の議決権行使が認められた場合でも、有事に株主総会で買収防衛策が決議・導入されたほぼすべてのケースにおいて、株価は下落していまず。株主・投資家からは、買収防衛策は株主価値を毀損するものと判断されているのです。

「強圧性」が強調された事例であるか否かにかかわらず、株主共同の利益の保護を目的としたはずの買収防衛策が有事に導入されると、株価は下落するのです。株式市場は、買収者による買収が株主価値を向上させると期待していたのでしょう。それが実現不可能となったために嫌気されたのです。

「強圧性」が成り立つのは友好的買収の場合

ただし、ここで留意すべきは、買収者が議決権を行使できなかったとしても、一般株主は行使できたことです。一般株主は、買収防衛策が一般株主の利益保護の目的ではなく経営者の保身のためであり、有事に導入されれば株価が下落してしまうことは予見できたはずです。ところが、株主総会では多くの株主が経営者の味方をして買収防衛策議案に賛成票を投じ、自ら保有する資産価値を毀損してしまったのです。

なぜ、多くの一般株主はそのような行動をしたのか。自らが保有する株式の価値を高めるよりも、経営者の保身に協力したかったとしか考えられません。まったく合理的ではない議決権行使でした。

それでは、本当に「強圧性」があると私が考えるのはどのような場合でしょう。以下に、我々が株主として、実際に「強圧性」によって売却または株式交換等に応じざるを得なかったケースをお話ししたいと思います。

一つは1章でも詳しく紹介したJDLの件。発行済み株式の40%超を保有する創業者社長がMBO（マネジメント・バイアウト：経営陣による買収）のために株式の公開買付けを行ったのですが、その価格は少数株主の我々にとっておおいに不満でした。しかし、MBOが成立して非上場企業になる可能性が高かったため、争うことなく公開買付けに応募せざるを得なかったのです。

もう一つは図書印刷のケース。同社株の50%超を保有していた親会社の凸版印刷が、株式交換（詳細は122ページ～を参照）によって100%子会社にする方針を打ち出しました。図書印刷の少数株主だった我々は交換比率におおいに不満でしたが、50%超を保有する凸版印刷が図書印刷の株主総会で賛成すれば、成立はほぼ確実です。そこで、株式交換の効力発生前に図書印刷株を市場で売却しました。

この事例からわかるのは、対象会社にすでに買収に同意している大株主が存在している場合は買収が成立してしまう可能性が高いため、少数株主は買収の対価に不満があっても応じざるを得ない「強圧性」が存在するということです。つまり、「強圧性」は、同意なき買収の場合ではなく、より成立の可能性が高い友好的な買収の場合に問題となる概念なのです。

したがって買収防衛策の議案を審議する株主総会で「強圧性」を理由に買収者の議決権を排除することは誤りなのです。逆に友好的な公開買付けの場合であれば、応募に同意している大株主や政策保有株（いわゆる持ち合い株）主を除いた一般株主の過半または3分の2超が応募することを成立の要件とするべきです。つまり、買収が成立してしまう「強圧性」を廃したうえで、一般株主の多くが買収価格に納得していることを確認するのです。株式交換の場合でも同様に、株主総会における親会社の議決権行使を認めるべきではないということになります。これは、ぜひとも、次回の会社法改正でテーマにしていただきたい点です。

買収価格で争う時代に

買収の際、少数株主としては、手続きが不公正で対価が安すぎる、などとして訴訟を起こすことは可能です。勝てる見込みもないとは言えません。ただし、その結論が出るまでにはおそらく何年も要すると思われます。

最近も、比較的珍しい司法判断がありました。伊藤忠商事がファミリーマートを完全子会社化した際のＴＯＢ価格についてです。もともと伊藤忠はファミリーマートの50％超の株を持つ親会社だったのですが、２０２０年7月にＴＯＢによって残りの株を買い付けると発表。同8月には成立しました。ところが、ファミリーマートの一部の少数株主は、買収価格が低いと東京地裁に提訴します。

その裁判の過程で明らかになったのは、ファミリーマート側が設置した特別委員会（買収される側が取締役会の機能を補完するため、社外取締役や外部の有識者などによって設置する諮問機関）が十分に機能しなかった実態です。特別委員会は当初、専門家の意見を踏まえた上で、ＴＯＢ価格は２８００円が妥当と判断します。そのことは同委員会の議事録に明記されていました。しかし伊藤忠側は２３００円と提示。結局、伊藤忠とファミリーマートの経営陣に押し切られる形で、ＴＯＢは２３００円で実施されたのです。

２０２３年3月に下された第一審の判決では、特別委員会が役割を果たさず、価格決定の手続きが公正ではなかったとして、２３００円ではなく２６００円が妥当との結論を下しました。しかしファミリーマート側も一般株主側も納得せずに抗告し、現在も東京高裁で審理中です。この件については、特別委員会の議事録が開示され、当初に特別委員会が想定していた価格を踏まえて買収者側と交渉していなかったことが、判決の大きな決め手になりました。

今までは、裁判所におけるM＆A（企業の合併・買収）の場合の買収価格の評価については、市場株価を重視しすぎる傾向がありました。買収された側の会社の株主が「もっと高いはずだ」と提訴したとしても、裁判所はほとんど認めないか、認めたとしてもごくわずか。少々乱暴な言い方をすれば、市場の株価は神聖なものであり、PBR（株価純資産倍率）1倍以下の対価しか受け取れなくても、「市場株価より多少は高い値段で取引してもらったのだから、欲張らずに満足しなさい」と言われている感じでした。

最近では、買収した側が「特別委員会の審議を経ている」「株価算定も外部の専門家が行っている」など、外形的には適正な手続きを踏んでいると認められれば、実際の買収価格の是非に深く踏み込まず、それが通ってしまうようになっています。

結局、形式だけ公正な手続きを経れば、友好的買収においては買収する側・される側の経営者の意向どおりの買収価格となり、少数株主にとっての株主価値は軽視されているようにしか見えません。本来なら裁判所自体がゼロから株価算定をするか、その知見がないなら第三者の専門家に算定を依頼してもらいたいところです。外形的に適正な手続きであれば事後的に裁判所で買収価格について争っても勝ち目が薄いということも一般株主への「強圧性」と言えるのではないでしょうか。この圧力を感じないのは、戦う意志があり、弁護士費用などを支払う余裕があって、価格への不満を裁判所に持ち込める規模の大きな投資家だけでしょう。

もっとも、司法より先に市場原理で解決する日が来るかもしれません。最近では、PBR1倍を下回る公開買付け価格の場合、第三者の投資家が市場を通じてこれを超える価格で買い付ける動きが見られます。その結果、一般株主は公開買付けに応募するより市場で売却したほうが有利になるため、公開買付けが不成立になる事象も起きるようになりました。不成立後に、または不成立を避けるために、より高い買収価格でのやり直しが行われるのなら、一般株主も報われます。ただしこれは、低い公開買付け価格に応募してしまう友好的な大株主が存在しないことが条件です。存在する場合には公開買付けは成立してしまいます。

日本の敵対的TOBはなぜ難しかったのか

振り返ってみれば、日本で初めて敵対的TOBを行ったのは、かつて私が創業メンバーだった村上ファンドでした。同ファンドにとってもほぼデビュー戦で、対象企業は不動産会社の昭栄（現・ヒューリック）、2000年のことです。

当時、同社の時価総額は50億円ほどでしたが、キヤノン株や多くの賃貸用不動産等を保有し、その資産総額は時価総額の何倍もありました。つまり、株価は明らかに割安で評価されていたわけです。

同社の社長は代々富士銀行（現・みずほ銀行）の出身者で、いわゆる芙蓉グループの富士銀行、安田生命、安田火災などとキヤノンが大株主でした。村上氏は事前に昭栄の大株主に話をしましたが、各社ともに「反対」とも「応募する」とも明確には答えなかったようでした。ただし当の昭栄は、我々がTOBを発表した翌日に「反対」を表明。かくして「敵対的」の構図になってしまったわけです。

ところが、TOBを公表したとたんに昭栄の株価は急騰します。我々が公開買付け価格として提示した額より高い価格がついたため、我々のTOBへの応募株数はわずかでした。結局、このTOBは失敗に終わります。

このとき私が実感したのは、日本における敵対的TOBの難しさです。政策保有株主＝安定株主は、それまでの株価より高い価格を提示するTOBであっても、ほぼ応募してくれません。なんとなく予想はしていましたが、やはりそのとおりでした。

その状況は、最近まではあまり変わっていませんでした。敵対的TOBが成立する可能性があるとすれば、自分たちだけですでに30〜40％の株を取得している場合、もしくは株主構成が分散していて、特に外国人の株主比率が高い場合、あるいは経営陣に不祥事があった場合などに限られました。

少なくとも今までは、敵対的買収者の場合は公開買付け代理人となる証券会社も限られ、買収者のアドバイザーにはならないと公言している証券会社、金融機関、弁護士事務所なども多かったのです。

「同意なき買収」は増えるのか

しかし、先に紹介した経産省の「指針」では、「敵対的買収」を「同意なき買収」との呼称に変えました。背景には、企業買収を活性化させて成長を促そうという意図があります。仮に買収する側とされる側の経営者が「敵対」していても、買収によって企業価値が向上する可能性があるなら真摯に対応すべきで、過度な買収防衛は控えなければならない、買収される側の経営者が「同意」しなくても、最終的に是非を判断するのは株主である、というわけです。

この「指針」に呼応するように、2023年7月にニデックがTAKISAWAに対して同意を得ないまま買収を提案。結局TAKISAWAの取締役会は同9月に同意し、友好的買収になりました。このように事前の同意がなくても、対象会社の取締役会が買収公表後に同意すれば、友好的買収としてスムースにいくようになるでしょう。

また同12月には、すでにエムスリー（医療関係者向けの専門サイトなどを運営する企業）との間で友好的買収に同意していたベネフィット・ワン（福利厚生・人事サービス）に対し、第一生命がより高い公開買付け価格での「同意なき買収」の意図を公表。結局、2024年2月には、第一生命がベネフィット・ワンを友好的に買収することになりました。今後は、こうした事業会社どうしの買収戦は増えていくかもしれません。

注視すべきは、対象会社の取締役会が「同意なきまま」で買い手が大手事業会社ではない場合です。今まで大手の証券会社、銀行、弁護士事務所等は、（買い手が大手事業会社などの既存の顧客ではないかぎり）敵対的買収者側には付きませんでした。実際、独立系のファンドが敵対的買収を行おうとしても、彼らの多くはアドバイザーになることを拒否してきました。「指針」がその行動をどう変化させるかは、今後の「同意なき買収」の増減にも影響を及ぼすでしょう。

また株主の変化にも期待したいところです。買収対象会社の政策保有株主のみならず、一部の国内の機関投資家は、これまで敵対的買収によって時価より高い価格で売却できる機会があっても無視してきました。そこに合理性がないことに、そろそろ気づいてもらいたいものです。

3章　「ガバナンス」は歪んでいないか

見過ごされる「ガバナンスウォッシュ」

しばらく前から、「コーポレートガバナンス」という言葉をよく聞くようになったと思います。しかし、その真意を理解している人はまだ少数かもしれません。

直訳すれば「企業統治」。それだけではわかりにくいでしょう。私は、「株式会社の目的を達成するための仕組み・規律」と理解しています。「はじめに」でも触れましたが、金融庁と東京証券取引所は2015年に「コーポレートガバナンス・コード」を導入しました。ここでは「会社が、株主をはじめ顧客・従業員・地域社会等の立場を踏まえた上で、透明・公正かつ迅速・果断な意思決定を行うための仕組み」と定義されています。

私としては、この定義について多少の不満はありますが、コードとして定められているさまざまな原則は高く評価しています。その内容について、ここで一つずつ説明はしませんが、日本の上場企業をあるべき姿に近づける規範を示した意義は大きいと思います。2018年の改訂では後述する「資本コスト」の概念が導入され、2021年にはESGに関するコードも追加されました。

「ESG投資」という言葉があるように、もともとESGは投資家目線の概念でした。企業が中長期的に成長を持続するには、これらの要素が不可欠というわけです。いつしか社会全体も、企業に対してこれらを期待するようになりました。時代の流れとして当然で、特に上場企業にとってはアピールの場でもあります。

ところが、中にはESGへの取り組みを〝偽装〟する企業も散見されます。とりわけ多いのが環境分野で、特に配慮したわけではないのに商品パッケージや広告に自然の画像や映像を使ったり、環境に負荷をかけていることを隠すために環境保全活動を強調したり等々が典型例。これを「グリーンウォッシュ」と言います。

それだけではありません。私の知るかぎり、実はガバナンスについても〝偽装〟している例は少なくないのです。「コーポレートガバナンス・コード」に準拠しているように見せながらそうではなかったり、情報開示が適切ではなかったり。私はこれを「ガバナンスウォッシュ」と呼んでいます。

その実例は非常に多くあります。株主総会の前に株主に配布される「招集通知」によく掲載される「スキル・マトリックス」もその一つ。株主総会では、取締役の選任決議が行われます。その判断の参考のために、候補者がそれぞれどういう「スキル」を持っているかを一覧にしたものです。項目としては「企業経営」「商品開発」「マーケティング」「財務会計」「法務」などが一般的です。

しかし私の経験から言えば、これはかなりいい加減です。まず「企業経営」について、まるで無条件のように会長、社長はスキルを持っていることになっています。ROE（株主資本利益率）が非常に低く、PBR（株価純資産倍率）1倍を下回る株価を放置している社長が、経営にスキルがあると言われても困惑するばかりです。中には官庁や日銀から天下ったばかりの候補者もいて、いつの間に民間企業の経営に熟達したのかはまったく謎です。

あるいは資本コストの計算方法もよくわかっていないのに「財務会計」が得意とか、前年に不祥事を起こしながら「コンプライアンス（法令遵守）」に強い等々の取締役が、それぞれ再任を求めていたりするわけです。いずれにせよあまり深く考えることなく、それらしく脚色しているようにしか見えません。

もちろんこれは、企業側の問題です。しかし同時に、その姿勢を見過ごしたり見逃したりする運用会社などの株主の問題でもあります。本来なら、こういう部分にこそ質問を投げかけたり、異議を唱えたりしなければならないはずです。適任とは言えない経営陣によって業績が低迷したり、株価が低く評価されたりして不利益を被るのは他ならぬ自分自身、ひいては自分たちの顧客である投資家だからです。

政策保有株に一利なし

コーポレートガバナンス・コードでも指摘され、解消が求められてきたものの一つが政策保有株。お互いに政策保有株主であれば、いわゆる株の持ち合いです。以前よりずいぶん減ったことはたしかですが、今なお消えていません。私は、日本企業のガバナンス改善の必須項目として、なお岩盤のように残っている慣行だと思っています。

あるいは、「取引先持株会」というものも現存しています。文字どおり、ある会社の複数の取引先が同社の株を毎月少しずつ無条件に買い増していく会です。まったく時代に逆行しているようですが、取引関係がある以上、なかなか「抜ける」とは言い出しにくいのでしょう。いかにも日本的な組織だと思います。

たしかに株を持ち合っていれば、お互いに安定株主になり、株主総会で会社提案の議案には必ず賛成するし、有事には買収者から経営者を守る方向で議決権を行使してもらえるでしょう。買収を恐れる経営者は防衛策を講ずるだけではなく、政策保有株主を増やそうとし、その見返りに自社でも取引先の株を持ち合うわけです。

しかし、そもそも株主から預かった資産を使って取引先の株を買い、取引先の取締役の地位の保全に協力していいのかという問題があります。

それに、経営者の味方として議決権を行使することに明示的または黙示的に合意している複数の政策保有株主は、その持ち株数の合計が発行済み株式数の5％以上になれば、本来なら金融商品取引法に則って「大量保有報告書」を「共同保有者」として提出しなければならないはずです。ところが今のところ、そのような事例はありません。これは同法違反の疑いがあるのではないかというのが、私の持論です。いわゆるウルフパック（複数の株主が協調関係にあることを隠し、一気に対象会社に攻勢をかけ、株価向上策や株主還元といった要求を実現させようとする投資戦術）が話題になるのですから、こちらの政策保有株主パックも問題にすべきでしょう。

取引先から、株式保有を事実上強制される場合もあるようです。これなどは、独占禁止法上の不公正な取引方法である、「優越的地位の濫用」に似た行為の被害者であるとも言えます。

また通常業務にも影響を及ぼしかねません。例えば、取引関係の維持を株式の持ち合いに頼るようになると、製品やサービスの質を向上させようというインセンティブが働きにくくなります。逆に株を持ち合っていないことを理由に取引を断られたり、株を保有していることで取引という利益が得られたりすることがあるとすれば、これは株主への利益供与を禁じた会社法に抵触する可能性すらあります。私はずっと問い続けているのですが、株式保有と取引との因果関係、つまり「株を保有していると、なぜ取引が維持でき、円滑になるのか」について合理的な説明を聞いたことがありません。

株を保有していなくても、製品やサービスの質が良ければ取引してもらえるはずですし、将来の協業をめざして業務提携もできるはずです。だとすれば、なぜ株を持ち合うのか。安定株主として常に経営者の味方をすることを条件に取引させてもらっているという理由以外、まったく思いつかないのです。

だから我々は、投資先企業が政策保有株を持っている場合には、「すべて売却してください」と提案するのが常です。しかし、そう簡単には売れないというのが最初の反応です。やはり先方との関係が崩れ、円滑な取引ができなくなることを懸念されているようです。

これは現実にあった話ですが、政策保有株式の売却を要請した際、投資先企業の代表取締役から、「売却すると、株式発行企業との取引が縮小して売り上げが減りますよ。株主としてそれでよいのですか」と言われたことがあります。

そのとき、私はこう返しました。

「筆頭株主を脅すのですか。かまいません。株式を保有しているから取引できるというのは不健全だし、株式を持たないと取引しないなどと言う取引先はコンプライアンス上問題があるのだから、取引しないほうがよいです。

政策保有株式を売却するという正しいことをして売り上げが減るなら仕方がない。それより、当社が株式を保有しているからとの理由ではなく、他社より優れた製品やサービスを提供できるとの理由で、顧客から選ばれるように努力してもらいたい」

2023年末には、大手損害保険会社4社が企業向け保険契約時にカルテルを結んだ疑いがあるとして、公正取引委員会による立入検査を受けるという事案がありました。実はこの背景にあるのも、政策保有株だったようです。

顧客企業は、契約する損保会社を選定する際、保険料などの条件よりも、その損保会社が自社の政策保有株をどれだけ多く持っているか、もしくは自社の営業にどれだけ協力してくれたか等で決める傾向があったとのこと。そこで損保各社としては、正規の営業努力で競争するのではなく、条件を調整して顧客企業を割り振っていたらしい。顧客企業にとっては、政策保有株を損保会社に持ってもらうことで、取引上有利どころか割高な契約を結ばされていた可能性もあるわけです。

この件に関し、金融庁は２０２３年12月に大手損保会社に対して業務改善命令を出し、その中で政策保有株の削減計画と見直し案の報告を求めることとなりました。当然の措置だと思います。その後２０２４年２月には、各社とも政策保有株を段階的にゼロにする方針と報じられました。

「スチュワードシップ・コード」が定めた機関投資家の責任とは

「はじめに」でも触れましたが、コーポレートガバナンス・コードの実施よりも１年早い２０１４年には、「スチュワードシップ・コード」が策定されました。「スチュワードシップ」とは「機関投資家の責任・行動規範」を指します。その責任を果たすための有用な諸原則を定めたのがスチュワードシップ・コードです。

機関投資家には、投資先企業との建設的な対話などを通じて企業価値の向上や持続的成長を促すことにより、顧客・受益者の中長期的な投資リターンの拡大を図る責任がある。そういう考えのもと、金融庁がコードを取りまとめました。

機関投資家は、最終投資家であるアセット・オーナー（年金基金や金融機関、財団など）の委託を受けて運用しているわけで、当然に受託者としての責任を負っています。投資先企業への働きかけなども欠かせません。それを明文化したわけです。コーポレートガバナンス・コード同様、英国で導入されたものを真似たものではありましたが、日本での策定は画期的だったと思います。

機関投資家はこれを受け入れる場合、自らのウェブサイトで公表し、金融庁に報告することになっています。弊社ももちろん受け入れていますし、最初は消極的だった企業年金なども現在では多数が受け入れています。２０２３年12月末現在で、その数は３３１機関にのぼります。

日本の大手運用会社は独立性に難あり

ただし大きな機関投資家の場合、議決権行使の判断は運用会社に丸投げしているところも多いのではないでしょうか。実際に資金を運用するなど、投資判断をするのは、運用会社です。もちろん、公的年金基金も、その運用を受託する機関投資家も、スチュワードシップ・コードは受け入れているはずです。

とはいえ日本の大手運用会社の多くは、銀行や証券会社、保険会社といった大手金融機関の関係会社です。そのため、一部の運用会社は親会社とは独立した議決権行使をしていると認められるものの、親会社の金融機関と取引のある企業に対してネガティブな反応はしにくいわけです。しかも彼らは資金量が大きいため、必然的に大株主になり、株主総会での議決にも多大な影響力を持ちます。親会社の銀行や保険会社が、いわゆる安定株主の場合も多いのです。

例えば以前、我々がある投資先企業の株主総会で、100％の配当性向となる増配を株主提案して否決されました。ところが翌年の株主総会では同議案が経営者側から提案され、あっさり可決されたことがありました。本件に関しては、要は提案内容ではなく、誰が提案しているかで判断されていたわけです。

取締役候補の選任議案でも、不祥事などがあった場合を除き、選任が否決されることはまずありません。以前より反対票を投じるケースは増えているものの、依然として取締役選任については会社提案に賛成票を投じることが多いようです。

その意味で、2023年のキヤノンの株主総会で会長兼社長である御手洗冨士夫氏の再任への賛成比率がギリギリで50%を超えたニュースは、変化の兆しを感じさせるものでした。反対が多かった理由はキヤノンの取締役会に女性がいないことだったそうですが、それぞれの機関投資家が、自身の議決権行使基準どおりに行動したということでしょう。

一方、金融庁は2023年4月に「資産運用業高度化プログレスレポート2023」というレポートを公表し、やはり日本の運用会社には独立性の問題があると指摘しています。それによると、世界の大手運用会社30社の運用残高ベースの86%は金融機関の子会社等ではない独立系であるのに対し、日本の大手運用会社20社のうち85%は非独立系(日系・外資系の合計)とのこと。日本の運用会社の経営陣自体、親会社からの出向や天下りで就任しただけで、独立性の問題に加え、けっして運用に精通しているわけではないことが多いという問題でもあります。

運用会社の役職員が、投資家と同じ立場に立っているのか、ということも問われます。外国人投資家が我々のファンドへの投資を検討する際、我々や私自身がそのファンドにどれだけ資金を入れているかはかならず聞かれます。自分の資産の相当な部分を投資していないと信用されないのです。また契約の条件として、我々が何らかの事情で自身の資金を引き揚げるとしても、最低限キープしておかなければいけない金額も定めています。つまり投資家と我々が一心同体となって利益を追求するわけです。これが、運用会社の真っ当な姿だと思います。

ところが10年ほど前、ある運用会社のトップの方と話していて驚いたことがあります。私が「貴社のファンドマネージャーは、運営しているファンドに自身のボーナスを入れていますか」とお聞きすると、「とんでもない。禁止しています」とのこと。理由を尋ねると「利益相反になるから」。

古い話なので、今はもう〝改心〟されていると思いますが、どういう理由で利益相反が成り立つのか、私にはまったく理解できませんでした。

外資系を排除したいなら鎖国するしかない

また昨今は、外資系の企業やファンドによる買収を警戒する日本企業が多くなっています。もともと資金力に圧倒的な差がある上、折からの円安もあり、たしかにターゲットになりやすいでしょう。

これは防ぎようがありません。最大の防衛策は、できるかぎり株価を引き上げること、そのために売上や利益を伸ばすだけではなく、資本の効率性を高めることです。あるいは東芝のように、非上場化の道を選ぶ手もあります。

ただし外資に買われるというとネガティブに捉えられがちですが、かならずしもそうではありません。経営陣の刷新や経営方針の見直しにより、業績や株価が上がることも期待できます。むしろそれを目的に買っているはずなので、外資だからといって過度におそれる必要はないと思います。

それに国家による外資規制もあります。外為法により、安全保障上の観点から重要な企業の株を外資が買う場合、発行済み株式数の1％以上なら事前に届け出る義務を課しています。審査の結果、国の安全を損なうなどの恐れがあれば、関係大臣は中止の勧告や命令ができるのです。あるいは個別の業法によっても、外資の参入は規制されています。例えば放送法によって、放送事業者では外資の比率が20％未満に抑えられていることは有名でしょう。今後も合理的な理由があれば、外為法なり個別の業法なりで守ればいいわけです。

それでも外資が嫌なら、もはや日本は鎖国するしかありません。現在、日本株全体のおよそ3割は外国人が保有しています。また日々の売買代金（現物）の約6～7割は外国資金が占めています。悪く言えば日本の株式市場は外国人の動向に大きく振り回されるわけですが、彼らが主要なプレーヤーであることは間違いありません。

それに、日本企業や日本の投資家がこぞって海外の資産や会社を買っていることは周知のとおり。バブル時に三菱地所が米国の象徴とも言うべきロックフェラーセンタービルを、ソニーがコロンビア映画を買ったことはたいへん話題になりました。最近でも、例えば日立やパナソニックなどの大手は海外企業を買収しています。成否はともかくソフトバンクグループのビジョン・ファンド（10兆円ファンド）も話題になりました。2023年12月には、日本製鉄がUSスチールの買収を発表しています。我々が投資している中堅企業の中にも、海外への投資に積極的なところがあります。

自分たちがこれほど自由に買っておきながら、海外からの資本を遮断するのは無理があります。そもそも資本は、国境を越えて縦横に行き来してこそ大きな価値を生むのです。

もし外国人投資家が日本から抜ければ、日本株は大きく下落し、経済は低迷し、日本はひどく貧しい国になるでしょう。それが国民の総意なら仕方ありませんが、そうではないと信じたいところです。より豊かな暮らしをしたいと願い、そのために日々がんばっている方のほうが多いのではないでしょうか。

東芝がアクティビストの言いなりになった当然の理由

外資系ファンドと日本企業の関わりという意味で最近とりわけ耳目を集めたのが、東芝へのＴＯＢ（株式公開買付け）と非公開化でしょう。

発端は２０１５年、東芝の長年にわたる不正会計（粉飾決算）が発覚したことにあります。本来なら、ここで上場廃止になるべきでした。実際、もっと少額の不正で上場廃止になった例もあります。２００６年にライブドアが有価証券報告書の虚偽記載などによって当時の東証マザーズ市場を追われた件もその一つです。

ところが東芝は上場維持にこだわったため、その後に発覚した米国原発事案の特別損失による債務超過を放置するわけにはいかず、約６０００億円の資本増強を迫られました。その手段の一つが、虎の子だった半導体事業の売却。買い手となったのが米国のプライベートエクイティ・ファンド大手のベインキャピタルで、それによって生まれたのが今日のキオクシアです。

しかし、半導体事業売却の時期が２０１７年3月以降となって東芝の資金調達としては間に合わず、同時進行で増資によって穴埋めする必要に迫られます。それに応じたのが、1章で紹介したエリオット・マネジメントやエフィッシモ、サード・ポイントなど複数の外資系アクティビスト・ファンドです。彼らが大株主である以上、その意向に沿った経営をせざるを得ません。

この後、結果として余った資金で自社株買いをしたり、取締役を送り込まれたり、経営側が提案した会社分割案を株主総会で否決されたり等々、経営は混乱をきわめます。その状態から脱するため、2023年には国内の投資ファンドである日本産業パートナーズによるTOBの提案を受け入れ、同年末に上場廃止となりました。アクティビストとの資本関係を断ち、日本の企業連合の資本で経営再建をめざそうというわけです。

一連の経緯から、アクティビストは悪者視されがちです。日本のファンドと企業が連携し、沈みゆく大企業を外敵から守ったという図式を歓迎する方もいるでしょう。しかし私から見れば、アクティビストは教科書どおりに利益を追求しただけ。それよりも上場維持にこだわり、事情をわかった上で、彼らに頼らざるを得ないところまで会社を追い込んでしまった東芝の経営陣にこそ問題があると思います。上場維持にこだわらずに2016〜17年に非上場になっていれば、今頃は違う形で再建できていたかもしれません。

ついでに言えば、そもそも日本には、外資系大手に匹敵するほど規模の大きなファンドなどが存在しません。だから緊急で数千億円規模の資金が必要となれば、外資系のアクティビスト・ファンドに頼らざるを得なかったのです。

その状況は今も変わっていません。先のＴＯＢにしても、外資系のファンドには売りたくないベクトルが働いていたようですが、日本産業パートナーズ単独では不可能で、複数企業の協力があって初めて成り立ったわけです。

そごう・西武はセブン&アイから切り離されて正解

もう一件、やはり外資系ファンドが深く関わったのが、２０２３年のセブン&アイ・ホールディングスによるそごう・西武の売却です。大株主である米国のアクティビスト・ファンド、バリューアクト・キャピタルによる提案を、セブン&アイが受け入れた形です。売却先はやはり米国の投資ファンド、フォートレス・インベストメント・グループでした。

そごう・西武の労働組合が売却に抗議してストライキを決行したことも話題になりま

したが、そもそもこの売却はきわめて真っ当な決断だと思います。セブン&アイの経営陣では、そごう・西武のバリューを引き上げることができなかった。それはかなり以前から明らかだったので、むしろ遅すぎたぐらいです。

もしかすると、フォートレスが優秀な経営者を連れてきて、業績を改善させてくれるかもしれません。少なくとも以前よりは、従業員をはじめあらゆるステークホルダーにとってプラスに働くのではないでしょうか。

さらにバリューアクトは、同じくセブン&アイの傘下で経営不振が続くイトーヨーカ堂についても疑義を呈していました。やはり今の経営陣では企業価値を上げられないのではないか、ならば持ち続ける意味はあるのか、早く切り離してコンビニ事業に専念したほうがいいのではないか、というわけです。

経営状態を知る人なら、誰もがこの意見に賛同すると思います。しかし2023年10月、バリューアクトはセブン&アイの大株主から外れたと報じられました。収益性を劇的に改善させる秘策があるのかどうか、株主の方なら注視すべきでしょう。なお、2023年10月、イトーヨーカ堂は地方の不採算店舗の削減を決め、全店舗の約4分の1にあたる33店舗の閉鎖を公表しています。

会社にたかる「寄生虫」には要注意

経営者は、アクティビストや買収者（と思われる投資家）が株主となった場合、ほとんどの場合において、その株主の意見を聞き入れようとはしません。アクティビスト対策を指南すると喧伝している証券会社、信託銀行等のフィナンシャル・アドバイザー、経営コンサルティング会社や弁護士などに相談するのが通例です。

しかしこれらのアドバイザーは、我々の知るかぎり、企業の株主価値向上に資する提案を行うことはほとんどありませんでした。株主価値向上にまったく貢献しなかった経営者の今までの施策を説明する資料、株主提案を行った株主を中傷して提案に反対し、現状を肯定するだけの取締役会意見、大した努力もせずに達成できるが株主価値向上にはつながらない経営計画案、などの案文を作成していたようです。

あるいは2章で紹介したような、導入すると株価が下落する有事の買収防衛策の提案も彼らの仕事です。こうしたアクティビストのみならず一般株主の利益にもまったく寄与しないアドバイスに対し、株主の資産から報酬が支払われているわけです。

これは、ある意味で当然とも言えます。彼らの多くは企業から目先の報酬を得ることがビジネスの目的であり、顧客である企業の株主価値向上にはまったく責任を負っていないからです。

かつて株の世界には「総会屋」と呼ばれる一群がいました。株を保有して株主総会に出席し、騒いで進行を妨害したり、逆に協力したりして、会社に不正に金品を要求することを生業とする集団です。このうち妨害する一派は「野党総会屋」、彼らを抑え込んで総会を早く終わらせようとする一派は「与党総会屋」と呼ばれました。

言い方は悪いですが、昨今のアドバイザーが行っていることは、「与党総会屋」にきわめて近いと思います。要は「我々に報酬を支払ってもらえるなら、煩わしい株主を追い払ってあげますよ」と喧伝しているに過ぎません。また口が悪くて申し訳ありませんが、私は以前から彼らのことを「資本市場の寄生虫」と命名しています。

問題はアドバイザーの資質だけではなく、彼らに最初から高額の報酬が支払われるシステムにもあります。せめて、例えば当初契約時に少額を支払い、2年以内にアドバイスによって株主価値が50%以上上昇した場合に成功報酬を支払う、といった仕組みにすべきではないでしょうか。ついでに言えば、そもそも上場企業で自身または親会社の株価がPBR1倍を下回っているような証券会社や金融機関、そして顧客との利益相反行為を行ったような業者等に、株主価値向上策を期待してアドバイスを求めるべきではありません。

株主は株式会社の主権者でありオーナーでもあります。身銭を切って株式を取得した株主こそが、もっとも真摯に株主価値向上策を考え、また、それを望んでいるのです。しかも、会社に対して報酬を請求することはいっさいありません。経営者がもっとも耳を傾けるべきは、株主の意見のはずなのです。

「株主提案」こそ企業価値向上の原石

我々は投資先企業に株主提案を頻繁に行いますが、かならずしも株主総会での可決を期待していないことは1章で述べたとおりです。しかし、提案を受けた企業の取締役会での対応について、非常に残念に思うことが少なくありません。

株主の権利として、我々は投資先企業の「取締役会議事録」の閲覧謄写を行うことがあります。我々の株主提案が取締役会でどのように検討されたのかを確認するためです。そうすると、中には社外取締役が開口一番「どうやってこの提案に反対するのか」と発言していた例がありました。内容を検討するどころか、最初から反対することが既定路線だったようです。実際、我々が株主提案を提出した多くの企業の取締役会は、あたかも条件反射のように反対していると感じています。

これまで再三述べてきたとおり、我々株主は、他の誰よりもその企業の株主価値の向上を切望しています。その当事者の意見を真剣に検討しないのは、お互いにとって損だと思います。反対意見の中には「当社の経営方針と異なるから」というものもあります。これが通用するのであれば、上場企業の経営者は自分たちが決めた経営方針をかたくなに維持し、株主・投資家の意見を聞く必要はないことになります。コーポレートガバナンス・コードにおいて株主・投資家とのエンゲージメント（意見交換）が強く推奨され、実際にそれを行ってきたのは何のためだったのでしょうか。

上場企業経営者は、そろそろ条件反射を卒業する必要があります。株主提案を頭から反対すると決めつけず、虚心坦懐に検討すれば、企業価値の向上に少なからず寄与するはずです。

4章 「ステークホルダー経営」の誤謬

経営者の仕事はファンドマネージャーと同じ

これまで、我々は多くの上場企業経営者や幹部の方々とお会いしてきました。そのたびに、つくづく思うことがあります。もしかすると日本では、そもそも企業が何のために存在するのかが理解されていないのではないか、ひいては資本主義や株式市場に対する基礎知識すら浸透していないのではないか、ということです。

そこで本章では、あらためて企業とは何かを考えてみたいと思います。といっても、けっして難しい理屈を説くつもりはありません。資本主義であれば世界中のどんな経済や経営、あるいは会社法の教科書にも書いてある、ごく一般的な原理原則を確認するだけです。

最初に大原則を言えば、本書の冒頭で述べたとおり、株式会社の目的は株主の利益の最大化です。それ以上でも以下でもありません。ところが日本では、「公益資本主義」もしくは「ステークホルダー経営」を信奉する経営者が少なくありません。要は、株主より株主以外のステークホルダーを重要視するということです。ちなみに、岸田文雄総理も就任当初は「新しい資本主義」と称して「ステークホルダー経営」的な考えを表明しておられましたが、各方面から批判されたのか、いつの間にか立ち消えとなったようです。

経営者の中には、上場企業であっても「まず従業員が大事」と公言される方が少なからずいます。ここには雇用を守るとか、株主の理不尽な要求には屈しないといった意味が込められているのでしょう。一見するとたいへん美しく、頼もしいようにも感じますが、少し冷静に考えていただきたいと思います。

従業員であれ、顧客であれ取引先であれ、企業との間には企業が債務を履行する義務を負う契約関係が存在します。労働の対価として給料を支払ったり、財やサービスの授受を通じて代金のやりとりをしたりしているわけです。仮に経営が赤字になっても、ただちに支払いが止まることはないでしょう。

一方、株主と企業の間にこうした契約関係はありません。株を買っても、会社が利益を出して株価が上がらなければ報われません。利益がなければ配当も期待できません。逆に株価が下がって損が出ても、当然ながら自己責任です。そういうリスクを背負うからこそ、会社法では株主総会での議決権のみならず、株主にある程度の特別な権利を認めているのだと思います。

そもそも株式会社は、こういうリスクマネーを集めて資本とすることで初めて成り立ちます。上場企業であれば、なおさら不特定多数から株主を募ることになります。以前、よく「会社は誰のものか」という議論がありましたが、お金の出どころ、オーナーという意味では明らかに「株主のもの」で議論の余地はありません。そして経営者は、主権者でもあるその株主によって選ばれ、利益を上げるように働くことを期待されたエージェントなのです。

その意味では、経営者の仕事は我々のようなファンドマネージャーと同じとも言えます。ファンドは出資者である投資家のためにリターンを出すのが仕事。経営者も株主のためにリターンを出し続けることが最大の仕事です。いかに効率良く、より大きなリターンを株主にもたらすかが目的であり、その手段としてステークホルダーを上手に使いこなすことが求められるのです。そして、ファンドマネージャーが出資者に運用状況を説明することと同様、株主への説明は経営者の仕事の一部でもあるのです。

それが嫌なら、非上場企業になればいい。実際、昨今はシダックス、ベネッセホールディングスや大正製薬をはじめ、さまざまな理由でＭＢＯ（マネジメント・バイアウト：

経営陣による自社買収)を行う企業が少なくありません。なお、東芝の非公開化はMBOではありませんでしたが、不特定多数の株主やうるさいアクティビストに経営を左右されないためには、これも選択肢の一つでしょう。

繰り返しますが、これは株式会社の構造の基本です。ところが日本では、この基本があまり認識されていない気がします。経営者でさえよく知らないか、もしくは意図的に曲解していることが多いのではないでしょうか。

「黒字経営だからいい会社」は大間違い

私がこういう言い方をすると、しばしば経営者の方から反論されます。

「いや丸木さん、株主偏重はよくないよ」

「2019年には、米国でもビジネス・ラウンドテーブル(主要大企業のトップによって構成された財界ロビー団体)でさえ、株主偏重を止めてステークホルダーを大切にしようと言い始めたじゃないか」

そのとき、私が返す言葉は決まっています。

「少なくともバブル崩壊以降、日本で株主が偏重されたことなんて一度もないですよ」

たしかに、2011年にはウォールストリートでデモが起きるなど、米国では株価の上昇の恩恵を受ける株主、巨額の株価連動報酬を受け取る経営者だけが豊かになり、経済格差が拡大したとして問題になっていました。一方日本では、やっと株主を大事にしようとする機運が生まれつつあるとは思いますが、株主が「偏重」されるにはほど遠い状態です。

その何よりの証拠が、ここ30年にわたる株価の低迷です。例えば米国のダウ平均株価は、1990年時点で3000ドル弱。それが今や3万ドルをはるかに上回っているので、ざっと10倍以上も伸びています。配当込みだと約30倍です。それに対して日経平均は、ようやく1989年末のピーク（3万8915円）を超えたとはいえ、配当込みでも1・4倍程度であり、中長期で見れば米国をはじめ欧州やその他新興国の高騰ぶりに比べれば微々たるものです。これは日経平均ではなく、各国の時価総額で比較しても、あるいはGDP成長率で比較しても同様です。成長を続ける世界経済の中で、2023年までは日本だけが取り残されたわけです。

もちろん、バブル崩壊の後遺症、金融・財政政策や円高など経済環境の影響もあったでしょうが、上場企業の経営者による株主偏重どころか株主軽視も大きな要因だったと思います。もし株主がもう少し重視されていれば、日本企業はもっと利益を上げ、資本効率も良く、株価指標のみならず、日本経済も成長していたはずです。

株主以外のステークホルダーを満足させるだけでいいなら、とりあえず会社を潰さなければ十分です。現状維持の経営で、わずかでも黒字を計上できれば、給料や代金の支払いが滞ることはありません。これなら経営者も楽なはずです。

実際、「うちはずっと黒字だからいい会社なんです。存続させることが第一です。何がいけないんですか」と堂々とおっしゃる経営者の方もいました。こういう意識だから、株主に報いようとも思わない。未来に向けた投資や研究開発にも消極的か、投資していてもその投資リターンをよく考えていない。代わりに現金や有価証券や不動産を貯め込もうとする。その当然の帰結として、PBRは1倍以下で放置されるわけです。

以前、私はある別の経営者の方に「どうして現金をたくさん持っているんですか」と伺ったことがあります。その経営者は正直な方だったのでしょう、「だって楽じゃないですか」と即答。「もし本業が傾いていても、現金をたくさん持っていれば安心でしょ」とのことでした。

また、アパレル事業のある経営者の方は、株主総会で「本業が不安定なので、賃貸用不動産を保有しているとPL（損益計算書）とキャッシュフローの面で事業継続性の向上にプラス」と堂々と答えていました。本業の経営に自信がないから、賃貸用不動産を保有していれば安心、ということらしいです。

株主が経営者に期待するのは、そういうことではありません。将来、経営に失敗することを予定し、それに備えて余計な資産を保有しておくのはプロの経営者のすることではありません。余計な資産を保有せず、本業に必要な資産だけを保有して有効に活用し、つまり資本の効率性を高めて、会社の業績を上げること、そして株価を引き上げることです。「本業が不安定だから」と言う前に、どうやってその本業を成長させられるのか経営方針を検討、改革を実行し、今まで以上のリターンを追求するのがプロの経営者というものでしょう。「それができないなら、できる方に代わってください」と、経営者の方に直接申し上げたこともあります。

投資家として言えば、ローリスクでローリターンを求めるなら、国債を買えば済む話です。リスクを取って企業の株を買う以上、相応に高いリターンを求めているわけです。経営者にそれに応える気がないとすれば、誰がその会社の株を買おうと思うでしょうか。日本企業の株価がなかなか上がらなかった根本理由は、ここにあると思います。

株主と従業員は対立関係ではない

しかし、これに対してもしばしば反論をいただくことがあります。

「では、ステークホルダーを軽視していいのか。従業員の給料を安く抑えて株主還元に回せばいいのか」

これはまったくお門違いの話です。株価を上げるには、会社が業績を伸ばすことが大前提。それには、従業員をはじめとするステークホルダーの方々にいい仕事をしてもらう必要があります。

そしていい仕事をしてもらうには、会社としてステークホルダーを大事にしなければいけない。給料が低いなら引き上げるべきだし、職場環境が悪いなら改善は急務です。取引先や顧客との関係も、もちろん良好であってほしい。別に善人ぶって言っているわけではなく、そうしなければ株価が上がらないからです。実際、かつて投資先の企業に、従業員の給料の水準をもっと上げるよう提案したこともあります。

まして最近、物流や建設、飲食などの業界はたいへんな人手不足です。会社側にとっては、人材を確保することのほうが重要。そのためには待遇を良くすることが欠かせません。その分、会社の目先の販売管理費が増えたとしても仕方がないところです。そのことに文句を言う投資家はいないと思います。むしろ、会社に現金などを貯め込みたい経営者が、従業員の給料を上げてこなかったのではないでしょうか。

逆に工場や店舗の閉鎖で人材が余っている会社があったとしても、ファンドの側から「リストラすべきだ」とはなかなか言えません。1章でも述べたとおり、一般的に誤解されがちなアクティビスト・ファンドなら、なおさらレピュテーション（評判・評価）リスクは避けたいからです。

後にも述べますが、日本の雇用は流動性が低く、一つの会社に長く勤める傾向がありました。最近はようやく転職も珍しくなくなりましたが、リストラとなると激しい抵抗感があるでしょう。本当は、それを機に必要とされる職場へ移ったほうが、会社にとっても新しい職場にとっても、そして本人にとってもプラスだと思うのですが、投資ファンドとしては、まだ声を大にしてそう言える雰囲気ではありません。

いずれにせよ、株主とその他のステークホルダーは、けっして対立関係ではありません。むしろウィンウィンの関係になり得ます。会社の業績が向上して取引が増え、ボーナスが増え、株価が上がれば、誰一人として損はしないはずです。

なぜ「内部留保」を貯め込むのか　①中長期的に必要になる？

我々は投資先企業に対し、「配当性向１００％」の株主還元を要求することがあります。つまり、１年間の税引き後利益の全額を配当金に回してほしいということです。自己資本だけではなく現金などの資産を貯め込んでいる企業を特に選んで投資しているので、時にはＤＯＥ（Dividend on Equity Ratio ＝株主資本配当率）６％や８％を併せて提案することもあります。

いかにもアクティビストらしい、アコギな要求だなと思われるかもしれませんが、そうではありません。相手かまわず身ぐるみ剝がそうとしているのではなく、ブクブクに太った相手を選んで、その脂肪の一部を削って健康体に戻りましょうと言っているに過ぎないのです。

よく指摘されるように、日本企業は資産を現金や有価証券などで大量に貯め込む傾向があります。いわゆる内部留保が過剰で、だからＰＢＲも低いわけです。

ではなぜ、経営者の方は内部留保を多く持とうとするのか。本音は「経営が多少失敗しても安心だから」であろうということは先に述べたとおりです。ただ、よく伺う理由の一つは、「中長期的な企業価値向上をめざしているから」。将来必要になる研究開発や設備投資、あるいはM&Aの資金としてプールしている、というわけです。

しかし、単に「中長期的に」とだけ説明して具体的な期間を示さないことは、いくつもの点で間違っています。そもそもなぜ「中長期」なのか、それは何年後を指しているのか。我々がそう尋ねて、明確に回答された経営者の方は一人もいません。そもそも企業価値の向上は中長期的にめざすものではなく、恒常的かつ持続的に取り組むべきものです。

経営者の方が語る「中長期的」とは、「自分の在任中はやる気がない。後任に丸投げするつもり。しかしそうはっきりも言えないから適当にごまかそう」という意味だと、少なくとも私は解釈しています。

本当に研究開発や設備投資などに使うつもりなら、具体的な中期経営計画などを立てて、その中に数字として盛り込むべきでしょう。もちろん、そこではどれくらいのリターンを見込んでいるかも明記する必要があります。結果的にうまくいかない場合もあるでしょうが、少なくとも株主を納得させられる準備や計画を立ててほしいのです。

中には10年の長期計画を策定する会社もあります。しかし、せいぜい3年、長くても

5年以内に達成できるような計画でなければ、信憑性は乏しいと思います。10年後には経営計画の責任者であった社長も退任してしまっているでしょうから、それを今から立案するのは無責任だとも言えます。現経営陣が経営に自信を持てないため、3年後の目標を低めに設定し、10年後の目標値を高くして誤魔化していると受け止められても仕方がありません。

実際、3年の中期経営計画で具体的な資金使途と投資リターンの予想を出している企業もあります。その計画が現実的であるなら、「中長期的」と称しても投資家を納得させることができるかもしれません。しかし計画がないなら、ただちに株主に還元するのが道理というものです。

あるいは、内部留保を貯め込むのは経営の失敗以外の危機に備えるもので、一種のリスクヘッジであると語る経営者の方もいます。何か突発的な事態に備え、ある程度の余裕資金を持っていたいというわけです。

たしかにビジネスのトラブルではなく、海外での戦禍や政情不安、台風や地震のような自然災害もいつ起きるかわかりません。先のコロナ禍も、大半の企業にとってまったく想定外の事態だったことでしょう。

しかし、ものには限度があります。対処にかかるであろう金額を、常時キャッシュや有価証券・不動産などの現物資産で持っておく必要があるのかという話です。例えば先の東日本大震災では、多くの企業が被災しました。復旧して通常業務に戻るまでにどれぐらいの資金が必要だったか、記録として残していると思います。それがあれば、もし次に同じような被害を受けたとき、どれくらい必要かもだいたいわかるはずです。無尽蔵に貯める必要はありません。

それに金額がわかったとして、その全額をプールしておく必要もないでしょう。いざというとき、その額を銀行から借り入れられるようにしておけば済む話です。それよりも、先の経験を活かして建物の耐震補強工事をしておくとか、より安全な場所に移転するとか、今のうちにできる投資はいろいろあります。リスクヘッジなら、こちらのほうがよほど有効です。

先のコロナ禍にしても、たしかに予測不能な未曽有の危機ではありましたが、その分、政府や地方自治体からは「ゼロゼロ融資」をはじめとして、企業向けにいくつもの救済策が提供されました。おそらくはそれも一助となって、コロナ禍が原因で倒産した上場企業は、ほとんどなかったと思います。やはり、企業が余計に貯め込む必要はないということです。

なぜ「内部留保」を貯め込むのか ②将来のM&Aの原資に？

それから前述のとおり、内部留保を多く持つ理由としてよく挙げられるのが、将来のM&Aの原資にする、というものです。

たしかに今、中小企業でもM&Aが活発に行われています。一緒になることでシナジーを生み出すとか、シェアを拡大するとか、あるいはM&A対象会社の後継者問題を解決するとか、それぞれに戦略があるようです。

もちろん、M&Aには資金が必要になります。しかもライバル企業も同じようなことを考えるので、スピード勝負なところもある。だからとりあえず今は計画がなくても、将来的に機敏に動く機会があるかもしれない。そのときに備えて、資金を手元に置いておく必要がある、というわけです。

一見もっともらしいのですが、そう言い続けたままM&Aには一向に動かず、結局内部留保を貯め続けている企業も少なからずあります。たしかに、設備投資や研究開発のように何年後にいくら使うとはなかなか予定しにくいものではあります。これを中期経営計画で明確に数字を示すことは難しいでしょう。

しかし、そもそもM&Aをすべて自己資金で賄う必要はありません。まして我々が投資しているような自己資本の充実した企業であれば、いざ買おうとなった段階で、銀行から借り入れれば十分です。財務のことを考えれば、むしろそのほうが望ましい。後にも説明しますが、資金を調達するコスト（資本コスト）を低く抑えることができるからです。

つまり、会社の資金調達は、そこに投資している既存の株主にとっては、自分たちの持ち分が希薄化しないよう、借金でやってもらうほうがよいのです。もちろん、利子の支払いに窮するほどの大借金はNGですが。

M&Aで企業価値が損なわれる場合も

ところでM&Aでは、自社株を使うケースもあります。株式交換と呼ばれる手法で、相手企業の全株を自社株と交換することで、完全子会社にするというものです。その名目で大量の自社株を長く保有することも問題ですが、もう一つ別の問題もあります。

株式交換は、買う側の株のバリュエーションが買われる側より高いことが大前提。自分より価値の低いものを買って統合することで、価値を引き上げることができるからです。

ところが実際には、逆のケースも少なくありません。例えば、自社株のPBRが0・5倍で、相手企業の株のPBRが2倍だったとします。この両者を交換して自社の100%子会社として連結したとたん、相手企業のPBRは0・5倍で評価されることになります。

例えば時価総額500億、純資産（自己資本）1000億円、つまりPBR0・5倍で発行済み株式数100株（株価5億円）というA社があるとします。そのA社が、時価総額100億円、純資産50億円）、つまりPBR2倍で、発行済み株式数10株（株価10億円）というB社を株式交換によって完全子会社化する場合を考えてみます。

このときA社は、B社株主にA社株式を新たに20株（時価総額100億円相当）発行し、それと引き換えに発行済みのB社株式10株（時価総額100億円相当）を取得します。A社の連結純資産は1050億円になり、発行済み株式数は120株となりました。

ここから、1株あたりの純資産（BPS）を計算すると、1050÷120＝8・75億円。A社株式のPBR0・5倍という評価が変わらないとすれば、株価は8・75

×0・5＝4・375、つまり5億円から4・375億円に下落するわけです。

自社、すなわち買収企業の株主にとっては、価値の毀損でしかありません。

これは、現金でM&Aを行う場合で考えればわかりやすいでしょう。PBR0・5倍の企業がPBR2倍の企業を現金で買収することは、PBR2倍に相当する現金を流出させることを意味します。ところが買収後に連結子会社となった対象企業のPBRが0・5となれば、やはり買い手企業の価値は毀損されたことになります。

要は、M&Aをするにしても、その前に自社の株式の評価を高めておくことが肝要なのです。理論的には、M&Aを行うことによって買い手企業のPBRなどの株価のバリュエーションが大きく上昇すれば問題ありませんが、そのような実例はほとんどないでしょう。

「資本コスト」を無視していませんか

我々が現金や有価証券を貯め込むことに神経質になるのは、それ自体が資本コストを上回るリターンを生むことは不可能だからです。では資本コストとは何か、ここで少し説明したいと思います。

企業財務のイロハのイですが、資金調達には大きく2種類あります。それがバランスシート（貸借対照表）の右側に記される、銀行などからの借り入れである「有利子負債」と、株式の発行で集めた資本や過去の税引き後利益のうち配当せずに残した利益剰余金などによる「純資産＝株主資本」です。また左側には、調達した資金をどう使っているか、事業などに用いている「資産」が記されます。この左右の金額はかならず一致するので、バランスシートと呼ばれるわけです。

資金調達は、もちろんタダではできません。それが資本コストです。銀行から借り入れれば、金利負担が発生します。これは、資金の貸し手が要求するコストです。

また一見わかりにくいのですが、株主資本にもコストがかかっています。株主としては、自らの資本を提供しながら、その会社に配当金と株価の値上がりを期待しているわけです。

企業がその期待に応えているかどうかを測る指標の一つが、ROE（株主資本利益率＝当期純利益÷自己資本）です。自己資本とは、資本金、剰余金などに「その他の包括利益累計額（保有する有価証券の評価差額金など）」を加えたもの。要するに資本を使ってどれだけ効率的に利益（当期純利益）を生んでいるかを見るわけです。この数値が株主資本コストを上回っていれば、理論的には株主の期待以上の収益性があり、株主資本は価値を生んでいることになります。株価はPBR1倍を超えるでしょう。

株主資本コストの平均はだいたい8％程度とされています。資金の貸し手よりも株主資本の出し手のほうが高いリスクを負っているのだから、負債の金利コストより高くなるのは当然でしょう。だとすれば、ROEも8％を超えることが経営の最低条件ということになります。

また株主資本だけではなく、有利子負債も含めた投下資本全体から企業の収益力を測る手もあります。負債コストと株主資本コストを加重平均したものを、加重平均資本コスト（WACC＝Weighted Average Cost of Capital）と言います。負債コストより株主資本コストのほうが高いので、自己資本の比率が高い会社ほど資本コストは高くなります。

一方、会社の収益（税引き後営業利益）は有利子負債と株主資本という投下資本を用いて得られるので、これを投下資本合計で割ったものを投下資本利益率（ROIC＝Return on Invested Capital）と呼びます。つまり、企業が事業活動のために投じた資金を使って、本業でどれだけ利益を生み出したかを示す指標です。このROICがWACCを上回ることが最低限の条件であることがわかると思います。

これまで再三にわたって資産として現金を貯め込むことの不合理を述べてきましたが、根本的な理由はここにあります。現金は何も生みません。銀行預金ならわずかな金利は得られるでしょうが、資本コストには遠く及びません。つまり、株主にとっては、自らの資産価値を毀損されていることになるわけです。その額が大きいほど、当然ながら会社全体の収益性は下がります。資本コスト以上のリターンが得られる何かの事業への投資に使うか、それでも余るなら自社株買いや増配で株主に還元するのが筋でしょう。

また将来的に資金が必要になったら、あらためて調達すればいい。その際には、原則として、増資より借り入れのほうがコストを低く抑えることができるということです。

東証による「PBR1倍改革」の肝は「資本コスト」

2023年3月、東証がすべての上場企業に対して資本コストと株価を意識した経営を行うよう改善要請を出し、特にPBR1倍以下の企業に対し強い要請を行い、話題になりました。

当時、日本の上場企業の半数以上が1倍以下で、これは米欧の市場と比べても突出して多い状態です。端的に言えば、その企業の株式の時価総額が純資産総額（解散価値）

を下回っているわけです。投資家から見れば自分が保有する株式の評価がそれだけ低いということであり、経営者は株主を重視した経営をしていないということです。以来、多くの企業が自社株買いや増配などの株主還元を進め、とりあえずＰＢＲ１倍以上をめざしていることは周知のとおりです。

もちろん、東証の本意はＰＢＲ１倍だけではなく、「資本コストや株価を意識した経営」を実践すること。これは先の「コーポレートガバナンス・コード」を踏まえたもので、その徹底を促したわけです。短期的に株価を引き上げるだけではなく、持続的に収益性の高い構造を生み出してほしいということでしょう。そのためには、まず自社の資本コストを理解して、それを超える収益性を実現することが欠かせないのです。

ところが、この意図がどこまで浸透しているかは微妙です。機敏に対応した企業も少なくなかったでしょうが、企業によっては、その後にまとめた「中期経営計画」の中で資本コストにまったく触れていなかったり、自社の株主資本コストを低く見積もったり、目標とするＲＯＥをわずか５％としている企業もあります。これでは、経営計画を達成しても株価はＰＢＲ１倍割れのままです。

またＲＯＥ目標を８％としても、その実現時期をまったく明示しなかったり、10年後としたりしている企業もあります。こうした企業は、少なくとも現経営陣が在任中は本気で資本コストと株価を意識した経営に取り組むつもりはないのかもしれません。本稿執筆時点では、計画の作成自体を回避しているところも数多くあります。一部の企業については、まだ「笛吹けど踊らず」のようです。

上場企業が不動産賃貸業を行ってはいけない理由

経営改善が遅い、もしくはその姿勢すら感じられない上場企業が存在するのは、そもそも資本コストに対する理解が足りないからかもしれません。そう疑いたくなる例が二つあります。

一つは、賃貸用の不動産を持っている上場企業の多さです。他に資産の使い道がないし、不動産なら安定的な資産になるからというのが理由のようですが、欧米企業ではまずあり得ません。

昨今の相場では、不動産を買って賃貸に回した場合、得られる利回りは都心でせいぜい3~4%程度、地方で5~6%といったところです。これを株式会社が行っているとすれば、その会社の株主の取り分は、ここから法人税を課された後になります。不動産賃貸から4%の収益があれば、税引き後は2%台です。資産運用としては比較的好条件のようにも見えますが、株主資本コストが8%だとすると、この時点で大きくマイナスであることがわかるでしょう。

だから、普通株式を上場している企業が事業として不動産賃貸業を行うことは、ほとんど収益に貢献しません。現実的ではない非常に大きな借り入れをしないかぎり、その事業で資本コストを超えるリターンを得ることは計算上難しいのです。

投資家は、不動産に投資したければ、不動産賃貸業を営む企業の普通株式ではなく、リート（不動産投資信託）を買うのが合理的です。これは投資家の資金にほぼ同額の借入金を加えて不動産に投資し、主に賃貸収入を分配する仕組みです。利益の90%以上を分配する代わりに法人税が免除されるという特殊なルールなので、配当は平均で3～5%と高め。元本はほぼ安全なので、普通株式よりもリスクは低くなります。その分、投資家が期待する収益率（＝リートの資本コスト）も低くなるのです。

株式会社が不動産賃貸業を営むと、繰り返しになりますが、株主資本コストを超えるリターンは得られず、株価はPBR1倍を下回ることになります。我々の投資先にもそういう企業がありますが、「資本コスト以上のリターンを生むことは絶対にないので、すぐに売ってください」とお願いしているところです。

政策保有株は財務面でもメリットなし

そしてもう一つ、取引先どうしで政策保有株を持つ企業の多さです。これがいくつもの問題を抱えていることは3章で述べたとおり、資本コストの問題ではなく、およそ政策保有株式はいっさい保有すべきではありません。

しかし経営者の中には、資本コストを言い訳にして政策保有株式を正当化する方もいます。資本コストを理由にするのも変ですが、資本コストの意味すら理解されていない事例としてご紹介します。

「持ち合い相手の企業との取引で、こんなに粗利があるんですよ。それが資本コストを上回っているんだから、いいじゃないですか」

しかし資本コストと比較すべきは、粗利ではなく税引き後の利益です。先にも述べたとおり、WACCと比較するならROICであり、株主資本コストと比較するならROEです。

あるいは、政策保有株式保有のメリットとして、持っている株の含み益を根拠に資本コストを上回っていると説明する経営者もおられました。

「もう何十年も前に買った株で、当時に比べればずいぶん値上がりしています。これも利益の一部じゃないですか」

しかし、これも違います。資本コストとリターンの関係は、一年単位で計算すべきものです。長期保有による含み益は、そもそも比較の対象にならないのです。それでも利益は利益だと思われるかもしれませんが、そう単純な話ではありません。

そもそも相手の株式を持っていなくても取引でき、株式を持っている理由での取引は全体の一部かもしれないのに、わざわざ全体の取引と関連付けて説明している疑念もあります。

私が指摘したいのは、政策保有株式を持つことで、財務的な影響があり、経営目標としてもＲＯＥがぶれてしまうことなのです。有価証券の含み益はバランスシートの右下の「純資産（自己資本）」の部分に計上されます。したがって、含み益が膨らめば自己資本も膨らむし、逆もまたあり得ます。株価は不安定に動くので、自己資本も安定しないわけです。

企業はＲＯＥが８％を上回るような事業計画を立てることが至上命題です。ところが、その大元となる自己資本の額が有価証券の含み益によってコロコロ変わるようでは、精緻な計画も目標も立てられないでしょう。常に不透明な要素と向き合わなければならなくなるわけです。

また株である以上、常に含み益があるとはかぎりません。場合によっては株価が大幅に下がって含み損が発生することもあり得ます。そのことは損益計算書に明記する必要があります。その結果、事業自体は黒字でも最終損益が赤字になるという事態になりかねません。2000年代の初めには、上場企業でも本業の問題ではなく保有株式の評価損で減益・赤字となる企業がよく見られました。株主にしてみれば、「なぜそんなものを持っているのか」と文句の一つも言いたくなるところでしょう。

つまり政策保有株は、自己資本が安定しない、損益に影響するなど、本業とは関係ない時価変動により、財務を混乱させるおそれがあるわけです。早く処分するに越したことはありません。

時価総額の小さい企業は自社株買いより増配を

ところで、昨今は多くの企業が「PBR1倍以上」をめざして躍起となっています。

それを実現するには株主還元を増やすことが有効で、具体的な手段として自社株買いと増配があります。

まず自社株買いの場合、例えば発行済み株式100株のうち、10株を自ら買い取って90株にしたとします。利益が変わらないとすれば、1株あたりの利益は約1割増えることになります。その分、株の価値も上がると考えられるわけです。

また、これは経営者が今の自社株をもっと高くする自信があると示すサインとも言われています。株を減らして株価が上がらなければ、時価総額が減るし、それこそ買収されやすくなります。業績が低迷していれば、それもあり得るかもしれませんが、そうはならないと経営者が思っているから買えるわけです。

ただ我々は投資先企業に対し、あまり自社株買いを要望することはありません。少なくともここ6~7年はないはずです。また、今のところ自社株買いに応じて売ったことも一度もありません。

理由は大きく三つあります。一つは、我々の投資先は時価総額が1000億円程度かそれ未満の比較的小さい企業が中心で、もともと流通している株が少ないから。しかも、政策保有株主など安定的に持ち続けている株主が多いケースもあります。それ以上流通している株式を減らすと、出来高が減って流動性が下がることにもなりかねません。

二つ目は、経営者の意識が株主価値向上ではなく、その場しのぎになりかねないから。うるさい株主がいるときだけ自社株買いを行い、去ったら二度としないというケースが非常に多いのです。そうすると、株価の上昇もそこで止まります。以前のような自己資本を膨らませる経営方針に戻ってしまう恐れもある。それでは元の木阿弥でしょう。また、浮動株を自社株にしてしまえば、政策保有株主が多く残るため、安定株主比率が高まるとの経営者の意図を感じることもあります。

3点目は、我々のレピュテーションを高めたいから。その昔、米国では、企業に自社株買いをさせて、自らの保有株式をそれに応じて売却する投資家は「グリーンメーラー」と批判的に呼ばれていたことがあります。我々はそうではないことを示したいのです。

なお、保有する自社株を消却せず約30%を自社で持っている企業もありました。これは株主にとって嫌なものです。その株をまた市場に売り出すことがあれば、新株発行と同じ意味なので、希薄化によってたいてい株価は下がります。仮に持っているままだったとしても、いつか売り出すかもしれないと株主は疑心暗鬼になるので、結局、株価への潜在的な圧力となってしまうのです。我々は自社株を取得したら、原則として消却してほしいと考えます。

その代わり、我々がよく要望するのは増配、つまり配当金を増やすことです。こちらは自社株買いとは違い、一度増やしたらなかなか元には戻せないはずです。業績がよほど減益や赤字になれば別ですが、ある程度利益が出ている間に減配するとなれば、うるさくない株主に対しても相当合理的な説明が求められるでしょう。つまり、株主還元が持続しやすいわけです。我々が保有株式を売却した後も、これらの企業の株価は、一定以上の評価を持続しやすいのです。

株主優待制度の理不尽

株主還元と言えば、株主優待を連想される方も多いでしょう。おそらくは日本の株式市場独自の慣習で、もともとは明治時代中期、鉄道会社が株主に乗車券を配ったのが発端と言われています。以来、自社のサービスや製品を株主に提供する企業が増えていきました。毎回楽しみにされている個人投資家の方も少なくないでしょう。

ただ企業価値向上の観点から見ると、私はその効果にかなり懐疑的です。むしろ法律違反ではないかとさえ思う事例もあります。

そもそもなぜ、企業は株主優待を導入するのか。かつて証券会社に勤めていた際に目の当たりにしたのは、株主数の確保に必死になる姿でした。当時の東証は一部と二部があり、ランクとしては一部のほうが上。ただし上場するにはいくつかの条件があり、株主数の確保もその一つでした。

そこで二部上場企業が一部に昇格しようとするとき、あるいは株主数が減った一部上場企業が二部転落を阻止したいとき、基準の株主数を確保・維持する一助として頼ったのが株主優待だったわけです。

2022年4月から東証は再編され、一部・二部などに代わって「プライム市場」「スタンダード市場」「グロース市場」が誕生しました。それにともなって株主数の条件は緩和されたため、株主優待を続ける動機は減ったはずです。

ただし、かねてより持ち合い株の解消による安定株主の減少という問題も持ち上がっていました。そこで今度は個人投資家を安定株主にすべく、株主優待を続けたり、もしくは新たに導入したりする企業もあるようです。

たしかに株主優待として自社のサービスや製品を提供すれば、それを機に利用者やファンが増えるという期待は持てるかもしれません。それなら、多少なりとも業績に寄与します。しかしそればかりではなく、クオカードや金券、カタログギフトなど、自社の事業とはまったく無関係な製品を配っている例もあります。要は、金銭的なメリットを提供することで、経営者を無条件に支持する株主を増やそうとしているわけです。これは、ガバナンスとしていささか不純ではないでしょうか。

しかも、これには当然相応のコストがかかります。厳密に言えば、経営者の保身のために会社の資産を使っているという意味で、会社法が定めた善管注意義務（善良な管理者の注意義務。会社から経営を委任された取締役が負うべき義務）に違反していると捉えることもできるでしょう。

さらにもう一点挙げるなら、株主平等の原則にも反します。よくあるのは、100株以上を持っていれば一律に1000円のクオカードを進呈するというパターン。この場合、1000株持っていても1000万株持っていても、もらえるのは1000円です。つまり、明らかに零細な個人投資家だけをターゲットにしているわけです。一方、大株主にほとんどメリットはありません。

ちなみに我々が運用しているのは外国籍のファンドなので、日本企業の株を売買する際には日本国内のカストディアンと呼ばれる金融機関と契約し、有価証券の保管などの業務をお願いしています。我々のファンドが保有する株式について、株主宛ての連絡は、このカストディアンに来ます。

我々のカストディアンは、株主優待の受け取りを一律に拒否しています。ちなみに十数年前に私が所属していた会社で運用していたファンドのカストディアンは外資系銀行の東京支店でしたが、ここは受け取った株主優待をすべて寄付していました。

つまり、どれだけ大量の株を持っていても、国内の株主は100株保有の株主と同じ1000円のクオカード、海外の機関投資家は株主優待としてはクオカードどころか1円ももらえません。たいへん理不尽な制度ではないでしょうか。しかも現金に近いものを配っているとすれば、ほぼ配当金と同じであり、なおさら株主平等の原則に反しているように思います。

もっとも最近は、以上のような不合理が理解され始めたためか、金券等を配布する株主優待を取り止める企業が増えています。一方で自社の製品、サービスを提供する優待は増加しているかもしれません。やはり安定的に保有してくれる株主を増やしたいなら、事業と見通しをきっちり説明して理解と賛同を得ることこそ王道でしょう。

5章　なぜ「社外取締役」が重要なのか

社長ポストの禅譲はルール違反

「ある日、社長室に呼ばれ、『次の社長は君だ』と直々にご指名を受けた」

日本経済新聞の「私の履歴書」に経営者が登場した際、しばしば描かれるエピソードです。よくある英雄譚の一つとして読み流してしまいそうですが、上場企業なら、これはあってはいけない話です。社長の一存で後継者を決めていいとは、会社法にも経営学のテキストにも、どこにも書いていません。

概して日本人はきわめて勤勉で優秀だと思いますが、ことトップのレベルとなると、少々見劣りする気がします。それは資質やＤＮＡの問題ではなく、トップになるための訓練が不足していることもありますが、選ぶ仕組みやプロセスが〝なあなあ〟であることも一因ではないでしょうか。

本来、社長選考には会社法で定められた基本的なルールが存在します。まず、株主総会で選任された取締役によって取締役会が組織されます。委員会設置会社（経営の監督機能と業務執行機能を分離した会社。コーポレートガバナンスの強化を目的とするもの）にあっては、その取締役会メンバーの中で、過半数と委員長を社外取締役が占める「指名委員会」が作られます。そこで、経営トップ（つまり社長）にどういう能力や人格が必要なのかが検討され、それに見合う人材探しが社内外で行われるわけです。委員会設置会社ではなくても、コーポレートガバナンス・コードでは、任意の指名委員会の設置が推奨されています。

結局、日本企業では取締役や幹部社員の中から選ぶことが圧倒的に多いでしょう。その場合でも、最終的に一人を選ぶまで少なくとも数年間、指名委員会として、あるいは指名委員会メンバーが個別に何度も候補者と面談を重ね、慎重に絞り込んでいくのが本来の姿です。外部からヘッドハンティングしてくる道も当然あり得ますが、数年はかけられないとしても、指名委員会としてきちんと人物を確認する必要があります。

以上がガバナンスとして期待される選び方ですが、実際には理想モデルでしかありません。少なくとも今までは、多くの企業でこういうプロセスを踏まず、単に現在のトップが次のトップを指名するというパターンが事実上定着していたのではないでしょうか。

もしくは、公的機関や親会社からの天下りも相変わらず横行しています。1章で述べたとおり、日証金は70年以上にわたって社長や会長など複数の役職を日銀ＯＢが独占し続けています。

我々が数年前まで投資していたある企業も、社長をはじめ複数の経営幹部はずっと取引銀行からの天下りでした。あるとき、私が「この慣習を断ち切ってはいかがですか」と申し上げたところ、当時の社長がたいへん印象的な回答をされました。

「次の社長を○○銀行以外から選ぶのが私の仕事です」

おそらく、天下りの問題は認識されていたのでしょう。ただ、基本ルールはご存じなかったのです。

「それはあなたの仕事ではありません。指名委員会の仕事です」と私。

いずれにせよ、ルールを逸脱して独断でポストを禅譲するような仕組みはよろしくありません。譲った側は院政を敷くかもしれないし、譲られた側は忖度して言いなりになるおそれがあります。ガバナンスが機能不全に陥る典型でしょう。

ただし、基本ルールに則ってじっくり時間をかけて社長を選んだとしても、かならずしもうまくいくとはかぎりません。逆に、独断で選ばれた社長が案外優秀だったりすることもある。その可能性は否定しませんが、それは、結果オーライというものでしょう。

営業のプロが経営のプロになれるとはかぎらない

とりわけ日本企業の場合、内部昇格が中心で、しかも自分の後任に気心の知れた部下などを据えたがる傾向があります。もともと人数の少ない中小企業ならともかく、数百人から数千人を抱える大企業でも、こういうお手盛りの人事が少なくないようです。

そして、トップの選び方が不適切であるだけではなく、トップになる人材の訓練も不足していると感じます。つまり、経営に適した人が選ばれるとはかぎらない。例えば営業成績が優秀だからという理由で営業部長になり、営業担当取締役になり、ついには社長になりましたということがあります。しかし、いくら営業が得意だったとしても、取締役や社長として必要なスキルはまったく別です。前章で紹介した資本コストをはじめ、企業会計や財務に関する知識は必須。あるいはＭＢＡ（経営学修士）とまではいかなくとも、経営学やマーケティング、労務管理などについての幅広い知識や思考法もひととおり必要でしょう。欧米企業の経営者なら、これらは前提条件だと思います。

ただ日本の場合、経営者としての訓練を受ける機会がなかなかないのも事実。例えば大手総合商社のような大企業であれば、多数抱えている関連会社のトップに据えて経験を積ませるという方法があるかもしれません。しかし多くの企業の場合、ＯＪＴのように、取締役や経営者に就いてから試行錯誤して学んでいくしかないでしょう。

あるいは、外部からプロの経営者を招くのも一つの方法だと思います。日本ではまだ少数かもしれませんが、リクシルがモノタロウから招いた瀬戸欣哉さん、サントリーがローソンから招いた新浪剛史さん、事業再生の専門家としてミスミを急成長させた三枝匡さんなどが有名でしょう。企業文化も大事かもしれませんが、ノウハウを身につけた経営者によるトップダウンの経営で新風を吹き込むことも、その企業本来の力を発揮させるためには有効だと思います。

その意味で、私はかつて日産のカルロス・ゴーン氏に期待していた時期もありました。「コミットメント」という言葉を使って高い目標を設定し、未達なら責任を取ると明言したことは、いかにもプロの経営者らしい姿勢でした。年間10億円前後の高額報酬が批判の的になりましたが、結果的に同社の時価総額を数兆円も増やした以上、株主はまったく気にしないだろうと私は思います。

その後、少々残念なことになったのは周知のとおり。たしかにワンマンになってしまったところもあるのでしょう。ただ余談ながら、それにしても世間から悪しざまに言われすぎているように思います。これも東京地検特捜部の情報リークによる印象操作のなせる業、という気がします。

いずれにせよ、トップとして最適と思われる人材を社内外から忌憚なく選別するのが、社外取締役を中心とする指名委員会の仕事です。なぜ「社外」のほうが都合がいいのかは、以上のような事情から明らかでしょう。

「会長」のポストは必要か

もう一つ、日本企業の経営面でしばしば批判の的になるのが「相談役」や「顧問」のようなポストです。たいてい経営者が退任した後に就いているようですが、悪く言えば会社に居座っているだけ。どういう権限を持ち、どういう仕事があるのか明確ではありません。はたして報酬等の待遇に見合った株主価値向上への貢献をしてくれているのか、疑問に思います。

むしろ現経営者にとっては「目の上のたんこぶ」のような存在かもしれません。何かと忖度しなければならないとすると、なかなか仕事もしにくいでしょう。それに、取締役として株主総会で選任されたわけではないのに、同等またはそれ以上の発言力を持っているとすれば、コーポレートガバナンス上も大きな問題です。

私が同様に意味不明だと感じているのが、「会長」職です。社長を退任した後に就くようですが、やはり存在意義がわからない。「相談役」や「顧問」との違いは、取締役であれば取締役会に出席できることぐらいでしょう。「相談役」「顧問」が批判されているなら、「会長」も同様に存在意義が問われてしかるべきだと思います。

会社のためにトップであり続けたほうがいいなら、別に社長を辞める必要はないはずです。あるいは退任するなら、後進に余計な気遣いをさせないよう、跡を濁さずに去ってもらったほうがいい。なぜ〝船頭〟が2人もいるのか、会長と社長では何が違うのか、それとも単なる名誉職なのか、外部からはなかなか見えにくいところです。

もちろん例外もあるでしょう。国内事業は社長が、海外事業は会長がそれぞれ統括するとか、きっちり役割と責任の分担ができている場合もあるかもしれません。しかし、そういう例は多くないようです。

例えば、我々が投資している日証金の会長は、取締役を退任されて執行役会長という役職でした。毎日出社しておられるようですが、社内でどういう役割を担っておられるのかはわかりません。

そこで私はあるとき、「ふだん会長は何をされているのですか?」と社長に尋ねたことがあります。回答は「業務の総覧をしております」とのこと。日証金は、執行役と取締役が明確に区別されているので、業務執行の総覧は取締役会の仕事でしょう。取締役を退任した執行役会長が「業務執行の総覧」を行うのは、取締役会と重複する役割を負うのか、自らを総覧するということなのか、いずれにせよまったく不要な役職だと思います。

あるいは別の問題は、相談役・顧問・会長が何かの事業に固執し、赤字で将来の見込みも暗いのに、誰もストップをかけられないようになり得ることです。先輩がかつての功労者であれば、社長以下が引導を渡すことはなおさら難しいでしょう。

こういう事態に意見できるのも、社内の人間関係や会社の歴史とは距離を置いている社外取締役です。一般株主の利益を最優先で考える社外取締役であるなら、顧問・相談役・会長等の役割について率先して取締役会で発言し、適切な対処を進言すべきだと思います。

社外取締役は少数株主の代弁者

　先に述べたとおり、経営者を選ぶのは社外取締役が過半となって構成される指名委員会であるべきです。だとすれば、その過半数を占める社外取締役の人選もまた重要なはずです。

　2015年に制定された「コーポレートガバナンス・コード」では、上場企業において少なくとも2人（2021年の改訂により、プライム市場の上場企業は3分の1以上）を選任するよう要請しています。それだけ社外取締役の役割が重視されるようになったということでしょう。

　ところが実際には、この制度は形骸化しているおそれがあります。単に人数合わせのために選任されただけで、資質が足りない人、役割をわかっていない人が少なくないのです。だから指名委員会にしても、形式的に年に1回しか開催せず、しかも社長が提案した後継候補を追認するだけという会社があったりします。

　ちなみに「コーポレートガバナンス・コード」は、取締役がその役割を果たせるよう、必要な知識の習得や更新のためのトレーニングの実施を求めています。会社側も建前上はコードを遵守しているようですが、私が「ではどういうトレーニングを？」と尋ねると、答えていただけないことが少なくありません。

我々は、投資先企業に対し、最低年1回は社外取締役と直接面談させていただけるようお願いしています。理由の一つは言うまでもなく、その方が社外取締役としてふさわしいかどうかを見きわめるため。取締役の選任の可否は最終的に株主総会の投票で決まりますが、その前に、議決権行使の判断材料としたいわけです。できれば社内の常勤取締役についても全員面談したいのですが、そこまで時間も労力も割けないので、代表取締役と社外取締役だけはしっかりお会いしておこうと思っています。

加えてもう一つ、大きな理由があります。社外取締役の方々に我々の意見を理解していただき、取締役会において、真に一般株主の代弁者になってもらえないかと期待しているのです。

常勤取締役は、どうしても自らと従業員の利益を優先し、株主の利益は後回しにしてしまいがちです。社外取締役は、一般株主の利益を保護する役割を負い、常勤取締役を監視する立場にあります。ならば、我々の賛同者になっていただける可能性は十分にあると思っているわけです。

ただし、そこまで話を進められた社外取締役の方は、数十人お会いした中で、これまで2～3名に過ぎません。

社外取締役の〝属性〟には注意が必要

一般的に社外取締役というと、いまだに「お飾り」とか「名誉職」のようなイメージが強いのかもしれません。だから人選も、案外適当に行われている印象を受ける会社もあります。

しかし、社外取締役は大株主や常勤取締役から独立していること、そして一般株主と利益相反が生じないことが大前提。そこでまず確認すべきは、その方の属性でしょう。「会社法」では、例えば親会社や子会社の役員、あるいは経営陣の親族などは社外取締役になれないことになっています。ところが関係会社の役員なら大丈夫。20％を持つ大株主企業の役員でも、社外取締役になれてしまうのです。これは大株主企業の意向を代弁することになり、属性としては偏っているはずです。

あるいは元役職員でも、10年以上が経過すれば独立性があると見なされて就任できます。しかしなぜ10年なのか、10年で本当に独立したと言えるのか、疑問が残ります。また主要取引先の役職員はダメというルールはありますが、「主要」の範囲が明確ではありません。例えば親会社的に支配されているとか、最大の取引先などが該当するらしいのですが、それではまだまだ狭い。独立性を重視するなら、例えば我々は、政策保有株主である企業の役職員・元役職員はダメだと考えています。

さらに細かいことを言えば、親会社の株を十数％も持つ投資ファンドの幹部社員が、上場子会社の社外取締役になっているケースがありました。東証のルール上、これは問題ありませんが、利益相反になる可能性があります。もし親会社が子会社を１００％買収しようとしたとき、親会社の株主としてはできるだけ安く買ってほしいし、子会社の株主としてはできるだけ高く売りたいわけです。

その場合、この子会社の社外取締役はどちらの味方をするのか。実は我々は子会社に投資していたので、当人に直接お尋ねしたことがあります。答えは曖昧模糊なものでした。

「私がそのとき、適切と思うように行動します」

これでは、社外取締役としての役割を果たすことは期待できません。あくまでも子会社の一般株主の利益を最大化すべき立場なのです。それ以外の利益を代表しないよう、ここはルールの改正が必要でしょう。

　また同じく我々の投資先企業で、取引先の元副社長が社外取締役に就いていたところもありました。この取締役の立場も利益相反になりやすいでしょう。そこで我々は、当人にこうお尋ねしたことがあります。

「もし取締役会でその取引先との契約について議論になったとき、あなたはどちらの利益を優先しますか？」

「そういうときは議決を棄権します」

　一見すると正しい判断のようにも思えますが、やはり社外取締役としてはおかしい。一般株主の利益を代表して意見を述べ、行動する人でなければならないはずです。このような重要な案件においてこそ、常勤取締役から独立した立場で是非を判断するのが本来の役割です。棄権されては社外取締役の意味がありません。

　我々がよく知っている事例は投資先企業などに限られますが、同じような社外取締役は日本の上場企業に少なからずおられる気がします。官庁から天下っている例も多いし、旧財閥系では同じグループ企業から恒常的に送り込まれている例もあります。このようなケースでは、指名委員会もかぎりなく形骸化しているのではないかと懸念しています。

こういう慣習を看過すべきではありません。社外取締役の立場や役割を再確認し、東証の「独立性基準」を社外取締役にふさわしい属性に改める必要があると思います。それが一般株主の意向を経営陣に届ける強力な手段であり、ひいては経営に常に緊張をもたらすことにもなるはずです。

社外取締役に期待される、二つの役割

ではふだん、社外取締役にはどのような仕事があるか、あまりよく知られていないかもしれません。

上場企業の取締役会の開催は、原則として月に1回程度です。多い会社では年18回という例がありました。その間にやるべきことは、実はさほどありません。社内の個々の事業については、常勤の役員が担うはずです。社外取締役も詳しいに越したことはないでしょうが、その分野の専門家である必要はありません。我々株主としても、事業に関わって企業価値を向上させてほしいとまでは期待していないのです。

ただし、よく「大所高所から経営を監視します」とか「すべての関係者から独立した観点で意見を述べます」などと言われる社外取締役の方がいますが、それは違います。

株主総会を通じて株主に選ばれている以上、前述のとおり、少数株主の立場で意見を述べることが大前提。つまり、「独立性」とは、一般株主と利益相反が生じないことなのです。

これを踏まえると、社外取締役としてやるべきことは大きく二つに集約されます。一つは平時において、企業価値の毀損を防ぐこと。

例えば、不動産を購入して本社ビルを建てるという構想が持ち上がったとします。しかしそれが、誰の得になるのか。経営者は気持ちいいかもしれませんが、多くの従業員にとって関心は薄いでしょう。私もかつてサラリーマンだった当時を振り返ると、オフィスはある程度きれいで通勤の便さえ良ければ、別に自社ビルでも賃貸でもよかった。周囲の同僚たちもそうだったと思います。

それより問題なのは、自社ビルにお金をかけることで、どれだけ企業価値が向上するのかということです。単なるムダ遣いではないのか、他に有効な遣い道があるのではないか、どうしてもお金が余るなら株主に返すべきではないか。そういうことを、取締役会で社外取締役に指摘してもらいたいわけです。

また「創業○周年記念事業」などと称して立派な冊子を作ったり、何らかのイベントを企画したりといったこともよくあります。はたして、それらを行うことで企業価値の向上にどれだけ貢献するのか、株価の向上に寄与するのか。経営者の自己満足のための散財にならないよう、厳しくチェックしてもらう必要があります。

あるいはM&Aを画策している場合は、いくらぐらいまで出すつもりなのか、それによって買収先企業の価値をどうやって高めていくのか、そもそも買っていいのか。常勤取締役はM&Aの実行そのものが目的となってしまっていることがあるので、細かく確認するのも社外取締役の仕事でしょう。

昨今であれば、買収費用として例えばEBITDA（利払い前・税引き前・償却前利益。企業の稼ぐ力を表す指標で、一般的には営業利益＋減価償却費）の何倍まで出せるかを、あらかじめ決めておくのもよくある考え方です。大企業なら、もちろん専門チームがこれらの数字を精査した上で、最終的にトップが決断することになると思います。

ところが中小企業の場合、そこまでの体制を整えられないので、プロセスが曖昧になることがあります。我々の投資先企業でも、かつてM&Aで傘下に入れた企業の価値が3年ほどで大幅に下がり、減損処理したケースがありました。

「この会社はどういう基準で買ったのですか」

と我々がお尋ねすると、社長も担当役員も下を向いたまま。ＥＢＩＴＤＡなども含め、特に何も検討せずに買ってしまったようです。こういう事態を事前に食い止めるのも、社外取締役に期待されるところです。

以上が平時における社外取締役の仕事だとすれば、もう一つ大事なのが有事における仕事です。例えば会社の業績がずっと低迷しているようなら、その社長を解任しなければならない。社内にはいろいろな人間関係や力関係があるので、これは社外取締役にしかできない仕事だと思います。

もちろん、急には対応できないでしょう。会社法では、取締役会で過半数の出席とその過半数の賛成が条件になります。常勤も含めた取締役の間でコンセンサスを得るのは、容易ではないはずです。

そこで有効なのが、事前に指名委員会で、「会社がこうなったら社長の解任を検討する」という基準を設定しておくことです。例えば三期連続赤字とか、三期連続ＲＯＥが○％以下とか、トップとして責任を免れない不祥事が起きた場合等々。こういうものを定めておけば、いざというときに堂々と解任を提案できるわけです。

あるいは、他社からＭ＆Ａのターゲットになった場合も有事と言えるでしょう。その場合、常勤取締役はやはり保身を考えて反対を主張しがちです。だからこそ、社外取締役が是非を冷静に判断する必要がある。特別委員会を作り、買収提案の内容が株主にとってプラスかどうかを見きわめるわけです。ちなみに、社外取締役が高すぎる報酬をもらっていてはいけない理由がここにあります。社外取締役自身の保身を考えてしまうからです。

こうした役割を期待されている以上、社外取締役はけっして「お飾り」ではないし、また株主の側も彼らの仕事ぶりをチェックする必要があるはずです。

社外取締役に企業不祥事の責任を問うのは酷

かつて、ある大企業の100%子会社の社外取締役をされている方から質問を受けたことがあります。その子会社が不祥事を起こし、世間から批判を浴びてしばらく経ったころでした。「私はどうしたらよかったのでしょうか」と。

その企業は過去に何度か同じ問題を起こしていて、なかなか改善されません。社外取締役とはいえ、関係者の一人として責任を感じておられたようです。

そのとき、私はこうお答えしました。

「何もしなくてよかったんですよ。そもそも100%子会社の場合、株主は一人しかいないので、社外取締役はいらないんですよ。要は親会社の問題で、子会社の社外取締役としてやるべきことはありません。」

しかし、その方は責任感の強い方なので、あまり納得されていないご様子。そこで私はこう続けました。

「もし本当に問題に立ち向かうなら、非常勤ではわからない情報を、まず現場まで行って収集する必要があります。しかし、それでも解決策を見出すのは難しいでしょう。結局よくわからないようなら、辞任すべきだと思いますよ」

以上は完全子会社の社外取締役の事例です。これが親会社の社外取締役だったとしたら、世間からの風当たりは少々厳しくなると思います。昨今は、企業のコンプライアンス違反に対する見方がたいへん厳しくなっています。何か不祥事などを起こせば、メディアは経営者のみならず社外取締役にも批判の矛先を向けます。「機能しているのか」「事前に見抜けなかったのか」といった具合です。

しかし、これは少々気の毒な気がします。先にも述べたとおり、社外取締役が会社に来るのは月に1回程度です。常勤の役職員から100%情報をもらわないかぎり、社内で何が起きているのかをいちいち把握するのは不可能でしょう。

そもそも、コンプライアンスとコーポレートガバナンスとはまったく別次元の話です。前者は株式会社に特有のものではなく、公益法人でも地方自治体でも中央政府でも取り組むべき問題です。それを、コーポレートガバナンスの仕組みから生まれた社外取締役に期待するのはお門違いだと思います。

ただ唯一の例外として、頻繁に不祥事を起こしている会社であることを承知の上で社外取締役に就いたのだとすれば、率先して改善に取り組むのが筋でしょう。先に述べたとおり、企業価値の毀損を防ぐことは、株主からもっとも期待されていることの一つだからです。

アクティビストが社外取締役に就任する理由

アクティビストとして会社にいろいろ提案したいなら、いっそ自分たちが社外取締役になればいいのでは、と思われるかもしれません。

実際、そういう例は少なからずあります。米国の投資ファンド・バリューアクトのパートナーは、数年前からオリンパスの社外取締役に就いています。また最近、香港のオアシス・マネジメントはフジテックに株主提案を行い、数人の社外取締役を自身が推薦する人物に交代させています。あるいは任天堂創業家の資産運用会社ヤマウチ・ナンバーテン・ファミリー・オフィスは、東洋建設の大株主になって複数の常勤取締役を送り込みました。

実は我々も、投資先企業に対して私を社外取締役にするよう株主提案をしたことがあります。結局否決されましたが、たしかにその会社の経営をもっと良くしようと思えば、自ら経営陣に加わって直接意見したほうが手っ取り早いわけです。

ただ、本当に私が投資先企業の取締役になるとすれば、それはファンドとしてある種の覚悟を強いられる決断でもあります。その時点で同社の株の売買を止めなければ、インサイダー取引になりかねないからです。逆に言えば、そこまでして会社の価値向上に賭けているということであり、またその道筋も見えているということです。もちろん、我々が、弊社の役職員ではない方を新任取締役候補として提案するだけであればこのような問題はないでしょう。

いささか余談ながら、弊社（ストラテジックキャピタル）にも社外監査役の方がおられます。かつて中堅監査法人の理事長までされていた公認会計士の先生なので、他社からも同じく社外取締役や社外監査役として迎えたいというオファーがあるようです。

ところが、そういうオファーを出しながら、後になって自ら取り下げた会社もあるそうです。その会社の幹事証券会社が、「あの先生はストラテジックキャピタルの社外役員ですよ」とご注進してストップをかけたとのことでした。

そういう〝職場環境〟のため、ここ2年ほど取り組んでいた弊社の新たな社外取締役探しにはたいへん苦労しました。候補の方とお会いするたびに、「うちの社外取締役になると、他の上場企業の社外取締役・監査役にはなれないかもしれませんよ」と正直に申し上げると、それが理由かはわかりませんが、その後に断られてしまっていたのです。ようやく「それでもかまわない」とおっしゃる方と出会い、就任していただけたのはごく最近の話です。

なぜ、我々の社外監査役・社外取締役は他社から敬遠されるのか。一つにはやはり、アクティビストに対してマイナスのイメージを持っているからでしょう。アクティビストの味方をするような社外取締役・監査役では、手懐けるのは難しいと警戒されているのかもしれません。

そしてもう一つ、我々に株式を買われてしまうことを警戒しているのでしょうか。しかし、もし我々の社外取締役・監査役が他社の社外取締役・監査役を兼任していたとしたら、もう我々はその会社の株を買うことができないでしょう。それこそインサイダー取引を疑われるからです。

日本企業の経営者の報酬は高すぎる？

委員会設置会社なら、指名委員会の他に報酬委員会も設置することになります。また、委員会設置会社ではなくても、任意の報酬委員会を設置する企業が増えています。経営陣の報酬が〝お手盛り〟にならないよう、制度や額の妥当性を評価する組織です。こちらも、社外取締役が過半数を占めることが原則。ただやはり形骸化し、社長が提示した原案を承認するだけ、というケースもあるようです。

では、そもそも経営者の報酬はどうあるべきなのか、ちょっと考えてみたいと思います。

例えば稀代の起業家・経営者であり、今や世界一の富豪でもあるイーロン・マスクは、これまでテスラからもスペースXからも金銭報酬をいっさい受け取っていないと言われています。その代わりに資産として持っているのが、主にテスラ株。その株価が一定基準を超えると、さらに格安で購入できる「ストックオプション（自社株購入権）」も行使できるそうです。テスラ株の値上がりが、本人の資産増に直結しているわけです。

あるいは、グーグルの親会社アルファベットのサンダー・ピチャイCEOの2022年の報酬は2億2600万ドル（日本円で約300億円）。その9割近くは、やはり株価の上昇とともに増える株式報酬だったそうです。

いずれも桁違いなので、参考にならない、もしくは参考にしたくないと思われるかもしれません。しかし彼らにかぎらず、米国の上場企業の経営者に共通するのは、とにかく仕事と報酬に対して非常に貪欲であるということです。業績を上げ、株価を上げれば、さらに大きな事業に取り組むことができるし、株主や従業員のみならず世間の評価も上がるし、自身の報酬も増える。逆に業績が下がれば、事業の縮小を余儀なくされるし、場合によっては自身もただちに地位を追われかねない。だから必死にがんばるし、その結果として高額の報酬につながっているのです。

むしろ問題なのは、業績がどうであれ、報酬も地位も保証されているような経営者ではないでしょうか。実際のところ、日本の上場企業の多くは、経営者の報酬全額のうち固定報酬が過半を占め、株価と連動して変わる報酬があってもせいぜい2割弱のようです。

これでは、株価を高めようというインセンティブも働きません。つつがなく任期を全うすればよいと考えるのは当然です。しかし本人はそれで良くても、株主はまったく浮かばれません。

そこで、その報酬の構造を少し見直してもいいのではないかと思います。株価さえ上がっていれば、経営者が高額の報酬を得ても文句を言う株主はいないでしょう。たしかに米国では、経営者と従業員の所得格差のあまりの大きさが問題視されることもあります。その点、日本の格差はまだまだ小さい。もう少し経営者にインセンティブを与えるような仕組みがあっても、誰かから目くじらを立てられることはないはずです。

PBR1倍未満なら、企業経営者の年間報酬は500万円でいい

2023年10月、東洋経済オンラインに、報酬が1億円超の上場企業役員ランキングが掲載されていました。それを見ると、株価がPBR1倍を下回る大企業の役員の面々がなんと多いことか。解散価値未満の株価を放置しておいて1億円超の報酬を受け取るなど、「恥ずかしくないのか」と問い詰めてみたくなります。

もし私が報酬委員会のメンバーなら、PBRが1倍未満であるかぎり、その企業の経営者の報酬は「500万円」と提案します。役割を果たせていないので、とりあえず生活に困らないレベルで十分。その代わり株価が上昇して1倍を超えたら、それに連動して何億円でも稼げるようにする。このほうがフェアではないでしょうか。

そこで、まず導入すべきは株価連動報酬。つまり報酬を自社株で受け取るようにするわけです。ただし、これには一定の制度設計が必要でしょう。株価がある程度上がるまで、株価連動報酬は最小限に止め、例えばPBRが1倍を超えてから大きく受け取れるようにする。そうしないと、経営者は意図的に株価を安く放置して大量の自社株を受け取った後、株価向上策を実行して個人資産を膨らませることも可能になってしまうからです。経営者にあらぬインセンティブを持たせないためにも、またそういう疑いをかけられないためにも、こういうルール作りは必須だと思います。

また株価連動報酬と似て非なる制度に、業績連動報酬があります。文字どおり、業績が上がればそれに応じて経営者の報酬が増えるというものです。一見すると合理的で、導入している企業も多くあります。

ただ日本企業の場合、これまでも再三述べてきたように、業績を上げても利益を株主に還元せず、社内に貯め込んでしまう傾向があります。それでは当然、株価は上がりません。一方で一株あたり純資産は増えるので、ＰＢＲは下がります。つまり株主にとってまったくメリットはないわけです。

にもかかわらず経営者の報酬だけ増えるというのは、どう考えてもおかしい。人の道に反しているとさえ思います。利益を社内に貯め込む慣習から抜け出せないうちは低額の固定報酬＋少額の株価連動報酬、抜け出して初めて高額の株価連動報酬を受け取れるという形にするのが、もっとも合理的ではないでしょうか。

ちなみに、業績連動報酬を導入しながら、達成すべき業績を公表していない企業も非常に多くあります。問い詰めると、多くの場合、努力せずに達成できてしまう業績目標だったりします。こういうお手盛りが盛んな企業の業績は、推して知るべしでしょう。

6章

「日本型資本主義」から脱却するための、三つの処方箋

株価が上がれば国民全員が恩恵を受ける

２０２４年2月末時点で、東証の全上場株の時価総額は１０００兆円近くに達しています。２０２２年末は７００兆円ほどだったので、この1年2か月でずいぶん上がりました。

こういう話をすると、しばしば「株主が儲けているだけ。庶民には関係ない」という声を聞くことがあります。しかし、それは誤解です。日本株が上がれば、直接に株を持っていようがいまいが、日本国民全体が恩恵を受けるのです。

まず日本株の約70％、６００兆円は日本人が持っています。その中には個人投資家も機関投資家もいて、後者にはＧＰＩＦ（年金積立金管理運用独立行政法人）や企業年金の積立金なども含まれます。したがって、これらが膨らめば、将来もらえる年金額にも影響する可能性があります。

また、今はネット証券などを通じて個人投資家もずいぶん増えました。その方々の含み益や配当金が増えれば、個人消費も増えるでしょう。いわゆる資産効果と呼ばれるものです。それによって小売業やサービス業や物流業などもかなり潤うはずです。その影響は他の業界にも波及していくでしょう。

また各企業にとっても、資産として株を持っていなかったとしても、株価が上がれば景気の上昇を予見できます。それに合わせて設備投資や研究開発のマインドも高まるはずです。つまり業績拡大への布石を打ちやすくなるわけです。

それが奏功すれば給与水準の引き上げも、さらなる株価の上昇も期待できます。それがまた年金基金や個人投資家を潤わせ、という好循環が生まれます。ついでに税収が伸びることで、国庫も潤うでしょう。

こうして考えてみると、株価の上昇がもたらす好影響は計り知れないものがあります。それによって幸福になりこそすれ、不幸になる人はほぼいません。唯一、株価の値下がりに賭けて空売りをしている人ぐらいでしょう。

ただし、本当はもっと上がっていたかもしれません。この30年、世界経済が着実に成長する一方、日本経済が「失われた30年」と呼ばれたのは周知のとおり。前章まで、その要因と考えられる、日本企業や投資家ならではの慣習やマインドについて挙げてきました。

しかし問題は企業内だけではなく、株式市場や日本社会全体にもある気がします。そこで本章では、とりわけ大きいと思われるポイントを三つ挙げてみます。

日本の上場企業は多すぎる

第一のポイントは、上場企業の数です。現在、日本の上場企業はおよそ3900社あります。一方、経済規模で見ればGDPで日本の6倍もある米国のニューヨーク証券取引所とナスダックの上場企業数（米国内企業）は5000社程度と言われています。単純な比較はできませんが、日本の上場企業はかなり多い気がします。

もちろん、各社ともに元気で成長しているなら何も問題はありません。たとえ上場時は小さくても、成長により大きくなるのであればよいのですが、日米比較では、日本市場は上場時も小さく、その後も大きくならないままの企業が多いのです。再三述べてきたように、日本経済が停滞して久しいのも、この結果の現れかもしれません。

「規模の経済」という言葉があります。事業規模や生産量が大きくなるほど、1単位あたりのコストが小さくなって競争力が強くなるということです。その点、日本企業はとにかく個々の企業の規模が小さい。そして同じ業種に多数の上場企業がひしめいている。

「群雄割拠」と言えば聞こえはいいですが、見方を変えれば「小党乱立」の状態です。つまり「規模の経済」が働きにくい環境にあるわけです。

そもそも時価総額が小さく、市場での売買代金が小さい企業は、機関投資家や海外投資家の投資対象にはなりません。その企業についての調査レポートなどを書いてくれる、いわゆるカバーしてくれるアナリストもいません。だから投資家としては株を買いにくく、株価は安いまま見向きもされない。こういう悪循環は、時価総額の小さい上場企業がかねてより抱える大きな課題だと思います。もっと統合や再編が進んで企業の規模が大きくなれば、景色はずいぶん変わってくるのではないでしょうか。

あるいは成長を望まないのであれば、そもそも上場する必要はありません。上場とは、広く一般の投資家から資金を集めることです。その代わり、投資家から毎日評価され、値付けされるということでもある。投資家が求めるのは利益の極大化、つまり成長によって株価を引き上げてくれることです。その期待に応えられない、もしくは応える気がないのなら、潔く白旗を掲げるべきでしょう。上場はゴールではなく、スタートのはずなのです。

本来、そういう企業は株価が低迷し、誰かに買収されるなり上場廃止になるなりして自然淘汰されるのが、厳しくも合理的な資本主義のあるべき姿です。ところが日本では、そういう変化がなかなか起きにくい。その結果、小さくて非効率なまま、今日に至っているのではないでしょうか。ただ、直近では2023年春の東証の要請もあり、資本コスト以上のリターンに自信のない企業は今まで以上に非上場化を選択するかもしれません。MBOの件数も増加のきざしがあると言われています。

上場企業の大型化と企業数を減らす第一歩として、まずは上場基準のハードルを引き上げる必要があると思います。現状において、東証プライム市場の上場基準は流通株式時価総額100億円以上、スタンダード市場は同10億円以上です。この金額をある程度まで引き上げれば、必然的に上場企業は減るはずです。

そしてもう一つ、企業買収がもっと頻繁に行われるようになれば、上場企業が減る一方で事業規模は相応に拡大するでしょう。それには、2章で触れた「企業買収における行動指針」に則り、忌避感や先入観を取り除いて真摯に向き合う必要があります。たとえ経営者が嫌う買収者から買収提案を受けたとしても、企業価値向上の観点からは検討に値するかもしれません。特に、これまで「同意なき買収」に手助けしなかった銀行や証券会社などのアドバイザーが、そろそろその企業や日本経済全体の将来を考えて、変節してくれることを望むばかりです。

それが当たり前になれば、株価が低迷している企業は「同意なき買収」によって買われやすくなります。それはつまり、ようやく市場原理が正常に働くことを意味します。

「上場」の意味とは

日本に上場企業が多いのは、その本来の意義とは別に、「東証一部上場」、「東証プライム市場上場」といった〝肩書〟が社会的ステイタスになっていることも一因だと思います。まるで資格や免許のように、上場企業なら安心、信頼できるというイメージが定着しているようです。

例えばかつて、我々はあまりにも成長への意思や計画性が感じられない複数の投資先企業に対し、上場廃止を勧めたことがあります。しかしある1社の社外取締役はそれを「上場していないと取引先から信用されない」「上場企業じゃないといい人材が集まらない」という理由で反対されました。投資先企業にかぎらず、こういう話はよく見聞きします。

しかし、これは嘘です。業界には同社より規模の大きい会社が3社あるのですが、2

社は非上場です。上場していなければ仕事ができない、という状況ではありません。これについてお尋ねすると、先方は黙ってしまいました。上場を維持する合理的な理由を説明できないわけです。

それに人材についても、別の意味で危ういと思います。たしかに働く側の意識として、上場企業なら安心という気持ちもわからなくはありません。しかし、そういう動機で応募してくる人が優秀かというと、かなり怪しい。就職先に安心・安定を求めるのは、がんばって成果を出そうというより、最低限の仕事をして給料だけもらえれば十分という人が多いのではないでしょうか。そういう人の比率が高い会社が成長するのは難しそうです。

あるいは社会全体としても、上場企業に対する信頼はなぜか絶大です。我々も従業員のために住宅を会社として借り上げ、家賃の一部を給料から天引きする制度を導入していますが、家主によっては断られることがあります。理由は「上場企業にしか貸さないと決めている」から。まったく意味のない線引きだと思いますが、世の中の認識とはそういうものかもしれません。この思い込みも変わってほしいものです。

だから、上場をゴールにしてしまう企業が多いのでしょう。幅広い投資家からお金を集めて事業を拡大するというより、とりあえず社会的ステイタスを獲得できればいいというわけです。だとすれば、成長を望むべくもありません。

「親子上場」は株主にメリットなし

そしてもう一つ、上場企業が多い理由として考えられるのが、「親子上場」の多さです。親会社が50%以上の株を持つ子会社が上場しているケースで、世界ではあまり例がありませんが、日本の株式市場ではよく見られます。東証によれば、上場支配株主（議決権のある過半数の株式を保有する株主）が30%以上保有している上場企業は、日本が上場会社数の16・84%であるのに対し、米国1・41%、イギリス0・2%、フランス5・95%、ドイツ5・66%となっています（東証作成資料「従属上場会社における少数株主保護の在り方等に関する研究会」2020年1月7日より）。

また東証によれば、上場子会社数は2022年時点で258社と4年間で18%減少しましたが、20%以上50%未満の株を持つ大株主がいる上場企業は2022年時点で958社もあります（同2023年3月22日より）。東証の上場企業約3900社のうち、4分の1もの企業が親会社または大株主の強い影響下にあるということです。

なぜ子会社・関係会社を上場させるのか。それによって親会社や大株主である企業の企業価値が向上するなら、意義もあるでしょう。しかし考えてみれば、その子会社等が本当にいい会社なら、100%持っていたほうが自社の利益に直結するはずです。わざわざ上場して、不特定多数の一般株主に利益を分配する必要はありません。逆に自社にとってお荷物なら、すべて売ってしまえばいい。株式を保有しておく必要はないし、まして大株主であり続けて上場させる意味はないでしょう。つまり合理的には説明がつかないところで、それ以外の理由があって親子上場を果たしているとしか思えないのです。それは何か。長く野村證券に勤め、特に複数の大企業を担当していた私の感覚では、親会社からの天下り用のポストを作るためだと思います。

例えば社長がある社員に、「あなたは当社の取締役にはなれないけど、こういう子会社を作ったから、そこの取締役はどう?」と打診する。そのうえで「そこで上場をめざしてもらってもいいよ」とモチベーションの維持に努める。その結果として上場に至ったというケースが多いのではないでしょうか。その後、子会社取締役の席は親会社の人事に組み込まれていったのです。

一方で、一般の投資家が親子上場の子会社の株を持つことにはデメリットがあります。

それは、親子の間で利益相反が生じやすいことです。しかも親会社が50%以上の株を持っている以上、一般株主に議決権はないも同然です。また、親子会社間で仕事上の取引がある場合、力関係から考えると、子会社が親会社に有利な取引条件を飲まされている可能性は十分にあります。つまりは、子会社の利益を親会社に吸い取られているということです。

例えば、約200億円の銀行借り入れをしている子会社が、親会社に500億円もの預け金をして、その借入金利より低い金利しか受け取っていない事例もありました。また子会社の売り上げの90%超が親会社向けであり、親会社の工場に過ぎない子会社さえあります（さすがに、このように事業を親会社に依存している子会社は、現在の上場基準では新たに上場はできませんが）。

あるいは世間の批判に耐えかねて、子会社の上場を廃止して親会社に吸収するという決断を下したとします。その場合、親会社がTOB（株式公開買付け）を実施して子会社の株を少数株主から買い取ることになります。

ただその買い取り価格は、親会社にとっては安いほどいい。子会社の少数株主にとっては高いほうがいいのですが、親会社の提示した金額に従わざるを得ないでしょう。これは、2章で触れた「強圧性」の問題にもつながります。

「親子上場」を減らす三つの方法

1990年代以降、ソニーや松下電器（現・パナソニック）等の上場子会社が親会社との株式交換によって上場廃止となるなど、親子上場を解消する動きも一部では見られました。実は東証も親子上場を問題視し、2007年の時点で「親会社を有する会社の上場に対する当取引所の考え方について」という通知を出しています。その中で「子会社上場を禁止はしないが、望ましい資本政策とは言えない」として、審査を厳しくする旨を提示しました。

以降、親子上場の件数は減少に向かいます。東証の通知とは関係なく、経営判断された結果だと理解していますが、例えば日立製作所は2009年に22社あった上場子会社が、今やゼロになっています。

ところが2015年、東証は民営化した日本郵政の上場と同時に、その子会社であるゆうちょ銀行とかんぽ生命の上場を認めてしまいました。自ら時代の流れに逆行するような事例を作ってしまったわけです。

これがどの程度影響したのかはわかりませんが、その後、例えばソフトバンクグループの子会社のソフトバンクや、最近では楽天グループの子会社の楽天銀行などが上場を果たしています。東証としては、認めざるを得なくなったのでしょうか。あらためて親子上場を見直し、ルールを厳格化する必要があると思います。

東証は、2023年12月に「従属上場会社における少数株主保護の在り方等に関する研究会」の議論をとりまとめ、情報開示の充実と独立社外取締役の在り方について公表しました。しかしこれは、親子上場の存在を前提としたもので、少々残念な内容でした。

私は、親子上場は原則として全廃すべきと考えています。そこに至るまでのプロセスを、大きく三つ提案したいと思います。

第一は、親子上場を認める条件として、親会社が子会社の上場後には、子会社株式の価値向上のために大株主としてコミットすると誓約してもらうことです。

親会社の株主にとっても、保有資産である子会社株式の価値向上は大いに望むところでしょう。しかし、「それなら100％保有しておくほうがよいのでは」と考え直してもらえれば、親子上場も減るでしょう。

第二に、関係が解消するまでの間、子会社の取締役会については、過半数を社外取締役にすること。資本の論理で言えば、50％以上の株を持っている者が取締役会を支配するのが当然です。つまり過半数は親会社から送り込まれるのが筋です。しかしそれでは、子会社の経営は完全に親会社に支配され、一般株主の意見はまったく反映されません。そこで親子上場にかぎっては、配慮する必要があると思います。

そういうルールを設定すると、親会社にとっては子会社を上場させるメリットがほぼ消えます。むしろコントロールできなくなるリスクもあるので、ならば上場を止めておこうという話になるかもしれません。それによって親子上場が減れば大成功でしょう。

そして第三に、親子上場にかぎったことではありませんが、やはり東証の上場審査をもう少し厳しくすることも大事だと思います。現状では内部統制ができているかとか、事業を健全に遂行しているかといった点が問われますが、それとともに増益基調であることも求められます。

ただこれには、資本コストの概念が抜け落ちています。例えばＲＯＥが３％でも５％でも上場は可能。しかし４章で述べたとおり、日本企業の株主資本コストはだいたい８％なので、ＰＢＲが１倍を割ることは明らかです。そもそも、こういう企業は上場すべきではありません。そうではなく、やはり資本コスト以上のリターンが生まれていること、もしくは今は赤字だったとしても近い将来に高いリターンを見込めることを条件にすべきだと思います。

仮にこういう審査基準が導入されていれば、郵政グループの上場はなかったはずです。また親子上場を含め、一時的には新規の上場企業は減るかもしれません。それはそれで悪くないし、また厳しい基準をクリアした上場企業が増えれば、日本の株式市場ひいては経済全体の活性化にもつながるでしょう。

ところで2023年12月、日本製鉄は米国のUSスチールを約2兆円で買収すると発表しました。このM&Aがアメリカ当局に認められれば100%の株主となるようです。

しかし、これには疑問があります。日本製鉄には、国内に大阪製鐵、山陽特殊製鋼、日鉄ソリューションズなど、50%超の株式を保有している上場子会社があります。ではなぜ、USスチールも51%だけ買って上場子会社としないのでしょうか。それとも方針を変更し、今後は日本の上場子会社もすべて完全子会社化するのでしょうか。もし日米の対応を区別し、国内の上場子会社を維持するなら、それらの少数株主を軽視していると認識されても仕方がないと思います。

今こそ「雇用流動化」のチャンス

日本経済が長年抱える二つ目の大きなポイントは、雇用の硬直性です。

２０２３年夏、西武・そごうが親会社のセブン&アイ・ホールディングスによって米投資ファンドのフォートレス・インベストメント・グループに売却されたとき、同社の労働組合がストライキを行ったことが話題になりました。経営陣に雇用の維持を求めたもので、大手百貨店としては61年ぶりだったそうです。

世間的には労働組合に対して共感・同情する声が多かったようですが、私の見方は違います。そもそも西武・そごうで働き続ける必要があるのか、というのが正直な感想です。

慣れた職場を離れたくない、百貨店という文化を守りたいという気持ちはわかりますが、もはやセブン&アイの経営では西武・そごうの事業自体がサステナブルではなかったのです。仮に経営者が強欲で、儲かっているのに給料をカットしたりリストラを断行したりするのであれば、抗議にも意義があります。しかし儲かっていない以上、身売り後は、新しい経営陣の決断で、従業員の削減を含めて何らかの措置が取られる可能性があるのは仕方のないところです。

経営陣の交代により、経営が改善する可能性もあるでしょう。待遇も良くなるかもしれません。それに賭けるならストライキは不要ですし、そうでないなら、社外に目を向けたほうが選択肢は多いように思います。

今なら、さまざまな業種・業界で人手不足が深刻です。失業率はずっと2％台で、ほぼ完全雇用に近い状態が実現しています。かなり賃金を引き上げないと、必要な人員を確保できない状況が続いています。

したがって、今までのキャリアを活かせて、しかも今までより待遇の良い職場は見つけられるのではないでしょうか。意地の悪い言い方をすれば、自ら退職することこそ、経営者に対する最大の抗議にもなり得ます。多少の職業訓練は必要だったとしても、再建できるかどうかわからない会社より、経営が安定している会社で働くほうが未来は明るい可能性があります。

業種によって濃淡はあるでしょうが、実際、今は以前に比べれば、雇用の流動化がずいぶん進展したように思います。特に若くて優秀な人ほど、どんどん転職してキャリアを築いている印象があります。転職支援ビジネスも充実してきているし、ヘッドハンテイングも珍しくありません。

「ゾンビ企業」の人材を伸びている産業へ移せ

とはいえ、雇用の流動化はまだ不十分でしょう。誰もがキャリアアップをめざして働いているわけではありません。とりあえず働いて家族を養えれば十分で、勤務先を替えることは考えてもいないという従業員も多いと思います。

また企業の経営者も、そういう従業員を多く抱えていても簡単に解雇はできません。労働者を守る日本のルールはけっこう厳しいため、場合によっては裁判沙汰にまで発展する。その費用や労力、世間の評判を考えれば、パフォーマンスが多少悪くても雇い続けるしかない、となるわけです。

一方で、経営者としては、めったに顔を見ない株主よりも、毎日一緒に働いている従業員には家族に近い親近感があるため、むしろ雇用の維持にこそ、最大の心血を注いでいたりします。だから「株主よりも従業員を優先する」と語る経営者の方も多いのでしょう。

しかし、それが本当に従業員の幸せにつながっているかは微妙です。経営上、余剰人員がいるなら希望退職を募るなどして整理したほうがいい。あるいは事業そのものが立ち行かないなら、いっそ会社ごと清算してしまったほうがいいと思います。

日本ではまだネガティブに捉えられますが、先にも述べたとおり、人材を求める業種・業界は多数あります。本人の意欲さえあれば、路頭に迷うことはないはずです。別にキャリアアップをめざさないにしても、前例を踏襲するだけの仕事や、つまらなく責任もない中で過ごすより、必要とされる場所で請われて働くほうが充実するのではないでしょうか。

人材の移動は、日本経済全体にとっても喫緊の課題だと思います。従来のように、収益性の低い産業を保護し、いわゆるゾンビ企業を生き永らえさせても意味がない。そして、これはゾンビ企業だけにかぎった話ではなく、資本コスト以上のリターンをあげられない企業にもあてはまります。そこに抱え込まれている人材をもっと伸びている産業に回したほうが、全体にとって確実に有益でしょう。資本だけではなく、人材も有効に活用していくべきなのです。

ただ1章で述べたとおり、こういうことをファンドの立場からは言いにくいのです。投資先企業に対し、本来なら例えば「従業員が多すぎるから早期退職を募集しては？」

などと提案したいところですが、我々もそれは1度しか言ったことがありません。「あのファンドは人減らしをしろと言ってきた」と悪い評判が立つことを警戒してしまうからです。我々アクティビスト・ファンドは、ただでさえ良いイメージを持たれにくいのに、さらに従業員を敵に回すような提案は控えざるを得ないのです。

あとは、従業員の方それぞれの判断に期待するばかり。一社に人生を賭けるマインドを卒業し、より勢いがあって待遇のいい業界・企業に移るのが当たり前という風潮が定着すれば、ゾンビ企業や収益性の低い企業は自然に淘汰されます。そのとき、初めて雇用の流動化は達成されたと言えるのではないでしょうか。

人員削減については、ゾンビ企業よりも投資家からIRなどの評価が高い企業のほうが積極的かもしれません。最近では、オムロン、資生堂、ソニーのゲーム部門などで人員削減のニュースがありました。

高校から「教育」を、取締役にも「研修」を

そして三つ目のポイントは、知識の不足です。資本主義とは何か、株式会社とは何かについて、ごく基本的なことから理解されていない方がかなり多い気がします。学校で

学ぶ機会がなかったので、仕方のないことかもしれません。

数年前、『ファクトフルネス』（邦訳は日経BP社、2019年）という本が世界的なベストセラーになりました。その中に、製薬会社にまつわるエピソードが書かれています。医者であり大学教授でもあった著者は、スウェーデンの医科大学で「貧しい人びとが感染する疫病について、大手製薬会社はまったくと言っていいほど何の研究もしていない」と話したそうです。

以下かいつまんで紹介しますが、それを聞いた学生が「そんな会社はけしからん。取締役全員に一発お見舞いするべきだ」といきり立ちます。

すると別の学生が「大手製薬会社は上場企業だから、経営方針を決めているのは株主だ」と主張。では大株主は誰かと言えば、年金基金です。そこで著者は学生に対し、こう言い放つわけです。

「今週末は（年金基金の受益者である）おばあちゃんの家に行って一発食らわせてくるといいよ」

「（おばあちゃんからお小遣いをもらったなら）自分の顔に一発食らわさないといけなくなるね」

資本主義や株式会社の仕組みが、スウェーデンの医学生にも（半分は）理解されているとわかる話だと思います。

一方で、私の古い友人に、大学医学部の教授がいます。彼はあるとき、私にこう言いました。

「お前、株主のくせに経営者にものなんか言うてええんか」

スウェーデンの医学部の学生は、少なくとも株式会社の最終的な意思決定者＝主権者が株主だということは知っていました。ところが日本の医学部の大学教授は、それをよくわかっていなかった。医者なので、それなりに勉強をして頭も良いのです。しかしその勉強の中身には、資本主義や株式会社に関する知識は入っていなかったのかもしれません。

社会に出てからでは遅い。せめて中学や高校ぐらいで基礎から教える必要があると思います。ちなみに私は自分の子どもたちが中学生のころ、それらしいことをちょっと話したことがあります。

「例えばパン屋を開くとする。何が必要？」

「まず店を借りなきゃいけない。それからパンを焼く機械とか、商品を並べる棚とか」

「いずれもお金がかかるよな。どうやって調達する？　銀行に行っても信用がないから貸してくれないよ」

「お父さん、貸して」

「わかった。資本家としてちょっと出してやろう。でもそれは貸すのとは違う。それで店を始めて、売上が少し立ってきたら銀行も貸してくれる。それで儲けられるようになったら、お父さんがリスクを負ってお金を出したのだから、儲けた分の一部は分けてくれ。それを配当と言うんだ」

「儲けられるなら、そのお金で2号店を出せばもっと儲かるでしょ。だから返せないよ。もう少し待って」

「最初はそれで大目に見てやってもいいが、それを永久にやっていると、こちらには1円も返ってこないよね。本当は2号店なんか出さないで、自分の給料だけ増やしたり、勝手に使ったりするんじゃないか。それから出店のためにとっておく、とか言って単にお金を貯め込んでしまうのもダメだよ」

「……」

「こういうことをお父さんは仕事で毎日やっているんだよ」

いわゆる金融リテラシーの話ばかりではなく、資本家は何を求めているか、経営者はどうあるべきかといった、生きた経済の話をすることが大事だと思います。

また教育が必要なのは、中高生だけではありません。日本においては、上場企業の取締役になる段階で、あらためて教育を受ける研修を制度化したほうがいいと思います。自社の事業を熟知しているだけではなく、資本コストの概念などの財務的な知識、上場企業の取締役の義務と権利などについても、あらかじめ学んでいただきたいと思います。今でもコーポレートガバナンス・コードは取締役のトレーニングを求めていますが、東証が実施している経営者向けの教育プログラム、もしくは取締役をトレーニングする外部の研修などの受講を義務化してもいいでしょう。そして、初めて上場企業の取締役候補になった方がどのような研修（トレーニング）を受けたのか、株主に情報提供して判断の参考としてもらうためにも、株主総会招集通知に開示が必要だと思います。

それからもう一つ、私がかねてから主張していることがあります。上場することになった企業の取締役、あるいは上場企業の取締役は、上場時または株主総会で選任される都度、取引所に誓約書を提出すべきではないでしょうか。

「株主のために一生懸命働きます」と。

優秀な若い人に訓練の場を

資本主義の仕組みが理解されていないためかどうかわかりませんが、最近は「脱成長」のような議論も一部で盛り上がっているようです。

いわゆる団塊世代のインテリ層の中には、学生時代にマルクス主義に傾倒された方もいます。その名残からか、「資本主義は労働者搾取によって成り立つ」とか「成長をめざさなくてもよい」といった主張もたまに聞くことがあります。それが若い世代にどれだけ浸透しているかは不明ながら、いずれにせよ少数派だと信じたいです。

もちろん、「脱成長」が国民の総意なら、それに従うしかありません。成長をめざさない国に海外資本は入ってこないと思いますが、日本企業が買われてしまわないよう資本については鎖国することになるでしょう。そして豊かな生活をあきらめ、電力などのエネルギーもあまり使わない質素な生活で、世界的には中下位の暮らしでもいいという ことでしょうか。しかし、本当に多数の方がそういう未来を望んでいるかといえば、私は違うと思います。

実際、一生懸命に働く人びとが多くいるからこそ、多少落ちたとはいえ豊かな国でいられるわけです。そして豊かな国で貧困の辛さをイメージしにくいからこそ、「脱成長」のような議論も成り立つのではないでしょうか。

一方で、昨今の若者の中には、むしろ仕事にもの足りなさを感じている方もいるようです。先日、我々の会社にインターンで来ている学生から話を聞いたところ、「ワークライフバランスをめざして適度に働くより、ハードワークでスキルやキャリアを身につけて自分を成長させたい」とのこと。それも本人だけではなく、周囲の友人たちも同じような意識を持っているそうです。

私はたいへん心強く思うと同時に、ある種の心苦しさも覚えました。周知のとおり、日本の企業はどんどん〝ゆるさ〟が求められるようになっています。残業はダメ、休日出勤もダメ、厳しく叱ればパワハラと混同されるので、丁寧な指導・教育が求められる。特に我々のように他社に厳しくモノを言う立場としては、社会のルールの遵守にいっそう神経を使う必要があります。

それが本当に若い人のためになっているのか。実際に最近、『ゆるい職場』（古屋星斗著、中公新書ラクレ）という本が話題になっています。成長意欲の強い若い人が、すっかりゆるくなってしまった職場にかえって不安や絶望を感じて去っていくという実態を描いています。

たしかに優秀な人ほど外資系企業をめざすとよく言われますが、それは報酬などの待遇だけではなく、より厳しい環境で自分を鍛えたいという意識の表れとも思います。逆に言えば、日本企業では自分を鍛えられないと考えているということです。

だとすれば深刻な話ですが、これも、ある意味で教育の問題だと思います。せっかく意欲も能力も高い若い人に対し、企業は適切な成長プログラムを用意できていない。それは、将来的に企業やひいては日本経済を牽引してくれるかもしれない貴重な人材を、みすみす流出させているということでもあります。

ハードワークで鍛えることが難しいのであれば、企業としては、社員が自ら学べる環境を用意する必要があるかもしれません。私も企業経営者の一人として、非常に気になるところです。

教育と投資は別

私は教育のプロではありませんが、資本主義と株式会社の仕組みを学ぶ教育は一過性ではなく、重層的な取り組みが必要という気がします。まず高校では「生きた経済」とともに基礎を教え、社会人の新人や大学生には「なぜ成長が必要か」とともに資本主義によって全員が潤う構造を教え、そして大学院で意欲のある人には経営者向けのエリート教育の道を提供する。これこそ「国家百年の計」に資するのではないでしょうか。

ただし、教育の重要性と実際の投資とは別です。私は、個人が見よう見まねで株式投資を始めることに、かならずしも賛成ではありません。

日本の個人金融資産は、２０２３年9月末時点で２１００兆円を超えているそうです。しかし、例えば米国では個人金融資産の半分以上が株や債券で運用され、預貯金は１割強に過ぎないのに対し、日本では半分以上が預貯金で、株や債券の割合は15%前後。それだけ元本安全志向が高いのでしょう。

昨今、政府はしきりに「貯蓄から投資へ」と呼びかけています。米国を見習ってもう少し国民が株や債券を買うようになれば、資産形成や資産効果が期待できると踏んでいるのでしょう。ＮＩＳＡやｉＤｅＣｏのような制度を用意したのもその一環。これらの受け皿となる金融業界は、口座獲得に躍起になっているようです。たしかに、個人資産が投資に向かう契機になるでしょう。

また岸田文雄総理は２０２３年9月に訪米した際、資産運用会社に向けて日本市場への参入を呼びかけていました。まるで日本の運用会社がダメだと言っているようなもので、ちょっと残念な感じでした。

たしかに外資系であれ国内系であれ、低コストでパフォーマンスを期待できる投資信託がもっと増えれば、広く国民の資産形成に役立つでしょう。またその投資自体が、金融についての個人投資家の関心を高めることになれば、学びにつながることにもなります。それによってROEやPBRといった指標とか、あるいは資本コストなどを意識するようになれば、我々が主張してきたこともあながち間違いではないと気づいていただけると思います。味方が増えるという意味では、我々としても歓迎すべきでしょう。

それでもなお、私は昨今の「投資ノウハウを身につけよう」とか「金融リテラシーを高めよう」といった風潮には少々危うさのようなものを感じます。あらゆる学問や教育がそうであるように、表面的なことだけを学んでも意味がありません。むしろ勘違いをしたまま、いつか大損をしたり大恥をかいたりということになりかねないのです。そうならないためには、たとえ面倒でも、資本主義や株式会社の仕組みといった基礎から理解していただきたいと思います。

ちなみに、私は個人として個別株投資を行っていません。これは我々の顧客である海外投資家からの、「個人的な投資に時間を費やすのではなく、ファンド投資に集中してほしい」との要望に応えるべく、弊社の社内規則で原則禁止としているためです。それに個人投資家として個別株投資を行うことは、私がふだん取り組んでいるアクティビストとしての投資とは異なるものなので、偉そうなことはあまり言えません。

ただ個人投資家が個別株投資を行うのであれば、まず投資の勉強に時間を割けることが大前提だと思います。また他人の意見のままに行動するのではなく、自分で納得して決断できること。これらの条件をクリアできる方ならよいでしょう。少しずつ学びながら始めることをお勧めします。

あとがきにかえて――アクティビスト活動の原点

官庁への出向で「国家の計」を知る

ここまでお読みいただき、ありがとうございます。最後に、私の経歴について、その中でのちょっとしたエピソードも交え、簡単にご紹介したいと思います。

本文でも少し触れましたが、私は1987年4月から2年3か月にわたり、勤めていた野村證券から通商産業省（現・経済産業省）に出向していました。

当時、民間企業から中央官庁へ出向者を出すことは珍しくありませんでした。企業側としては中央官庁とのコネクションを作りたいとの思惑があったかもしれないし、中央官庁としての本音は不明ながら、私は出向先の部署から労働力として使われたという実感がありました。いずれにせよ、官庁のキャリア（国家公務員採用総合職試験に合格した幹部候補生の職員）の方々とそれほど変わらない業務をさせていただき、私にとってはたいへん貴重な経験でした。

例えば、通産省が所管する法律の改正作業を手伝ったこともその一つ。ドラフトとなる改正法案を書き下してキャリアの方々と議論し、内閣法制局の審査のみならず、各省折衝や国会議員への改正法説明まで同行させていただきました。大学では学ぶことができない法令改正の基礎的な知識や、政府提案の法令が国会に提出されるまでの過程も知りました。たいへん忙しい同じ課のキャリアの方に代わり、私が主担当者のような役割を担った時期もあります。政省令の改正作業も行い、通達に至ってはほとんど私が書いたものが最終形となったりもしました。

中学・高校の同級生だった村上世彰氏と再会したのも、この出向がきっかけです。彼はキャリアで当時の産業政策局総務課の係長という立場。私は同局の他の課に所属する単なる民間からの出向者でしたが、法令改正作業という仕事柄、多少コミュニケーションをとる機会があったのです。ただ、中学・高校生時代からさほど親しい間柄ではなかったため、特に旧交を温めるということもなかったと思います。

そんな彼とよく話すようになったのは、私が出向を終えて野村證券に戻った後です。年に数回は会い、日本企業はおかしい、変わらなければいけない、などと議論するようになりました。

石油公団への融資で垣間見た〝経済合理性の欠如〟

その後、おそらく1990年代前半のこと。何かのきっかけで、当時の石油公団（政府の全額出資で設立された特殊法人。2005年に解散）が銀行や生命保険会社から数兆円を借り入れていることを知りました。借り入れの条件として、2年または3年の年限で政府保証が付いているとのこと。金融機関から見れば、信用リスクは国と同様なので、最優良の貸出先ということになります。

ところが、問題はその金利です。通常のマーケットでは、貸出先の信用力が低いほど、また年限が長いほど貸出金利は高くなります。その常識に照らせば、石油公団への貸出金利はずいぶん低く抑えられるはずでした。

しかし実際に付けられた金利は、長期プライムレート（民間金融機関が企業に1年以上貸し付ける際の最優遇貸出金利。当時は長期信用銀行が発行する5年債の金利に0・5％上乗せしたレートだった）よりも高く設定されていました。結果として、同年限で同じ信用力の国債より2〜3％も高い金利になっていたのです。

常識的に考えて、これはおかしいでしょう。政府保証が付いているのに、つまり信用力は国債と同等のはずなのに、なぜこれほど高い金利を払わされているのか。おそらくは、市場や金利に疎い政府関係機関が、金融機関の説明を鵜呑みにしてしまったのだと思います。政府の利払いの元は、言うまでもなく私たちの税金です。

義憤に駆られた私は、借り入れではなく、政府保証債として石油公団が2年債または3年債を発行すればいいのではと考えました。これなら、同年限の国債にごくわずかの金利を上乗せすれば市場で消化できるでしょうし、結果として石油公団は年間数百億円もの利払いを縮減できます。

そこで野村證券内の債券の担当部署にどの程度の金利なら販売可能かを確認した上で、石油公団や通産省に出向いて以下のように提案しました。

「金融機関から借りるより政府保証債を発行するほうが、金利支払いを大幅に少なくできますよ。ぜひ、弊社で政府保証債を引き受けさせてください」

最初は私の個人プレーでしたが、石油公団も通産省も提案を真摯に聞いていただける感触を得たので、後には通産省の課長のもとへ野村證券の担当役員とともに伺ったこともあります。また当時、たまたま村上氏が資源エネルギー庁の石油部に在籍していた関係で、私は彼にも説明を行いました。どこでどういう話をしたかはよく覚えていませんが、たいへん好意的な反応だったことは言うまでもありません。

ただ、石油公団には金融機関からの出向者も複数おられて、私が訪問した際にはそれらの方々も同席されていました。私の提案は各金融機関に筒抜けだったと思います。

それから数か月後のこと、村上氏から電話がかかってきました。

「大蔵省（現・財務省）主計局が金融機関を叩いて、金利を大幅に下げさせた。政府保証債発行の案は消えたよ」

証券会社のサラリーマンとして、自社の大きなビジネスを開拓できなかったことは残念でした。しかし一方、間接的とはいえ国に年間数百億円の貢献ができたわけです。そう考えて納得することにしました。

そしてアクティビスト・ファンド設立へ

私は、元来、自分のやっていることに意味付けを持たせてやる気を出すという、面倒くさいサラリーマンでした。例えば、証券会社の支店で国債を販売するのは「日本国の資金調達のため」であり、本社に異動後に上場企業の株式や社債発行を引き受けるのは「日本の産業資金の調達のため」との意識でした。

しかし周知のとおり、日本の株式市場は1989年に高値を付けた後に下がり始めました。そして、顧客である上場企業が増資を公表すると、株価が急落するというバブル時にはなかった現象が起きるようになったのです。いわゆる希薄化（増資により既存株主の持ち分が薄まること）により、株価が下落したということです。私は、証券会社の社員として真っ当な業務を行ったことで、その企業の既存株主の資産価値を毀損したことにショックを受けました。

一方で、本業に直接関係のない資産を貯め込み、株主価値を一顧だにしていない上場企業が存在することにも気づき始めました。当時の自分の業務には直接関係はなかったのですが、調べると非常に多いのです。

日本の企業や経済界には、資本主義の原理やマーケットの常識が通用しない部分がある。その歪みを正すことは、企業や経済全体の活性化を促すというプラスの作用をもたらすのではないか。金融業界で経験を培ってきた自分こそ、その役割を果たせるのではないか。そう思い至ったのです。

ただし、証券会社の一社員や官僚の立場でできることは限られます。実際に投資して株主になれば、その会社に対して確実に発言権を持てます。しかも株を買い増すほど発言力も増すのが資本主義のルールです。

そこで1999年、同じ志を持つ村上氏などとともに通称「村上ファンド」を設立。しかし周知のとおり世間を騒がせて2007年には解散。私はちょっとした責任感から、最後まで付き合おうと考え、同ファンドの残務処理をすべて済ませたのでした。その後、投資運用を生業とする世界から距離を置きました。

その頃、日本の経済環境は悪化の一途をたどっていました。2008年にはリーマンショックを機に世界中のマーケットで信用不安が蔓延し、そこからようやく立ち直りかけた2011年には東日本大震災で大打撃を受けました。このとき、多くの日本人はそれぞれの立場で、なんとか復興に力を尽くしたいと考えたのではないでしょうか。私もその一人です。

ちょうどこの翌年の2012年、旧知の方から「もう一度、アクティビスト運用をやりませんか」と勧められ、その核となる投資家の方を紹介していただきました。かくして設立したのが、今日の弊社ストラテジックキャピタルです。投資の力で日本経済を活性化できないか、微力ながらも株主として経営者に働きかけ、改善を促すことで、企業本来の実力がマーケットで正当に評価されるのではないか、との思いは当時も今も一貫しています。弊社の企業理念も、お客さまの利益を最大化するとともに「日本企業の活性化に貢献」と記しています。

相変わらず、我々は経営者の方にはかなり嫌われていますが、アクティビストへの誤解に基づく偏見も少なくないと感じています。また昨今はインフレや円安の進行、新NISAの開始などもあり、初めて株や投資に関心を持たれる方も少なくないでしょう。しかし本文で述べてきたとおり、マーケットの仕組みや企業経営のあり方などについて、そもそも誤解されていることが非常に多いと感じています。

本書を通じ、そのようなさまざまな誤解が多少なりとも解消されることを願って止みません。一人ひとりがマーケットについて高いリテラシーを持つことが、その国の経済を成長させる礎になると信じています。

丸木　強

丸木 強　Maruki Tsuyoshi

株式会社ストラテジックキャピタル代表取締役。1982年東京大学法学部卒業。野村證券株式会社入社後、主に日本企業や政府関係機関の資金調達案件の引受、大型民営化企業のIPO、邦銀への資金注入に際しての政府関係機関のアドバイザー、米国企業の日本の上場子会社に対する公開買付代理人などの業務を担当。99年、株式会社M&Aコンサルティング（後のMACアセットマネジメント）の創業メンバーの一人として、日本初となるアクティビスト・ファンドの運用に従事。2012年に株式会社ストラテジックキャピタルを設立、代表取締役に就任、同年12月からアクティビスト戦略のファンド運用を開始。国際コーポレート・ガバナンス・ネットワーク（ICGN）メンバー。

中公新書ラクレ 816

「モノ言《い》う株主《かぶぬし》」の株式《かぶしき》市場《しじょう》原論《げんろん》

2024年5月10日発行

著者……丸木《まるき》 強《つよし》

発行者……安部順一

発行所……中央公論新社

〒100-8152 東京都千代田区大手町1-7-1

電話……販売 03-5299-1730　編集 03-5299-1870

URL https://www.chuko.co.jp/

本文印刷…三晃印刷　カバー印刷…大熊整美堂　製本…小泉製本

Published by CHUOKORON-SHINSHA, INC.

Printed in Japan ISBN978-4-12-150816-4 C1234

中公新書ラクレ　好評既刊

ラクレとは…la clef＝フランス語で「鍵」の意味です。情報が氾濫するいま、時代を読み解き指針を示す「知識の鍵」を提供します。

L578

逆説のスタートアップ思考

馬田隆明 著

爆発的な成長を遂げる組織「スタートアップ」。起業を志す人が増え、新事業立ち上げに携わることが当然となった今、そこで培われた考え方はより価値があるものになった。一方、東大産学協創推進本部に所属する筆者は「日本が健全な社会を維持するために、スタートアップは不可欠」と主張する。なぜ必要なのか？　なぜ大学発起業数で東大が圧倒的1位なのか？　逆説的で反直感的な「スタートアップ思考」であなたも革新せよ！

L722

増補版 駆け出しマネジャーの成長論
―7つの挑戦課題を「科学」する

中原 淳 著

突然、管理職に抜擢された！　年上の部下、派遣社員、外国人の活用方法がわからない！飲みニケーションが通用しない！　プレイヤーとしても活躍しなくちゃ！　社会は激変し、一昔前よりマネジメントは格段に難しくなった。困惑するのも無理はない。人材育成研究と膨大な聞き取り調査を基に、社の方針の伝達方法、多様な部下の育成・活用策、他部門との調整・交渉のコツなどを具体的に助言。新任マネジャー必読！　管理職入門の決定版だ。

L788

人事ガチャの秘密
―配属・異動・昇進のからくり

藤井 薫 著

若手・中堅社員が不満を募らせているように、配属や上司とのめぐりあわせは運任せの「ガチャ」なのか？　その後の異動や昇進は？　人事という名のブラックボックスに調査のメスを入れた結果、各種パターンが浮かび上がった。たとえば「人事権を持たない人事部」「一見問題ないミドルパフォーマーが盲点」等々。人事は何を企図して（企図せず）行われているのか。読者のキャリア形成に役立つ羅針盤を提供する。管理職や人事部も見逃せない一冊。